Mon
Premier
Larousse
des POURQUOI?

ILLUSTRATIONS

Jacques **Azam**

Robert **Barborini**

Manu **Boisteau**

Vincent **Bourgeau**

Catherine **Chardonnay**

Nathalie **Choux**

Nathalie **Dieterlé**

Vincent **Desplanche**

Charles **Dutertre**

Olivier **Latyk**

Anaïs **Massini**

Clotilde **Perrin**

Rémi **Saillard**

Mathieu **Sapin**

Fabienne **Teyssèdre**

Rédaction : Laure **Cambournac** et Françoise **de Guibert**
Conseiller scientifique : Éric **Mathivet**

Direction artistique, conception graphique & réalisation :
F. **Houssin** & C. **Ramadier** pour **DOUBLE**

Direction éditoriale : Françoise **Vibert-Guigue**
Édition : Brigitte **Bouhet**
Direction de la publication : Isabelle **Jeuge-Maynart**
Fabrication : Nicolas **Perrier**

Mon
Premier
Larousse
des POURQUOI?

LAROUSSE

SOMMAIRE

Au temps des dinosaures

1

Est-ce que les hommes préhistoriques chassaient les dinosaures?

➤➤ Les dinosaures ont vécu il y a plus de 200 millions d'années, très très longtemps avant qu'il y ait des hommes! Quand les hommes préhistoriques sont apparus, les dinosaures avaient déjà disparu.

2

Est-ce que les dinosaures étaient féroces?

➤➤ On connaît environ 1 000 espèces de dinosaures, certains étaient de grands chasseurs, aux dents en lame de couteau, comme le tyrannosaure. Mais les dinosaures les plus gigantesques étaient de paisibles herbivores: ils ne mangeaient que des plantes!

Meuh!

Quel est le plus gros des dinosaures ?

➡ Il y avait des dinosaures de toutes les tailles : des petits et des grands. C'est le séismosaure, un dinosaure herbivore retrouvé aux États-Unis, qui bat tous les records ! Il mesurait 40 mètres de long !

3

Pourquoi les dinosaures ont disparu ?

➡ On sait que les dinosaures ont disparu il y a 65 millions d'années. Mais comment ? Personne ne peut vraiment l'expliquer. Beaucoup de scientifiques pensent que c'est à cause de la chute d'une météorite gigantesque sur la Terre. Par contre, ils n'ont aucun doute : les seuls dinosaures qui existent aujourd'hui, c'est au cinéma !

4

Arrgh!

Atchoo

C'est vrai !
Cela fait moins de 300 ans qu'on a découvert les premières traces de l'existence des dinosaures : d'abord un bout d'os, puis des dents immenses. C'est un savant anglais qui a donné leur nom à ces animaux que personne n'a jamais vus. Dinosaure vient de deux mots grecs qui signifient : terrible lézard.

AU COMMENCEMENT

Les hommes préhistoriques

5

<u>Où habitaient les hommes préhistoriques?</u>

➡ Les tout premiers hommes préhistoriques vivaient dans la savane d'Afrique. Les hommes de Cro-Magnon chassaient les mammouths. Ils dormaient dans des tentes en peau ou à l'entrée des grottes, car ils déménageaient souvent pour suivre les troupeaux.

6

<u>C'est vrai que l'homme descend du singe?</u>

➡ On pense que les humains et les singes ont eu un ancêtre commun. Mais les humains descendent plus directement d'une espèce appelée australopithèque. C'est la première espèce à se tenir debout sur ses jambes.

7

<u>Est-ce que les hommes préhistoriques nous ressemblaient?</u>

➡ Au fil du temps, l'espèce humaine a évolué. Il y a 2 millions d'années, les tout premiers hommes étaient très costauds. Ils avaient un petit cerveau et une drôle de tête! Par contre, les hommes de Cro-Magnon, apparus en Europe beaucoup plus tard, nous ressemblaient beaucoup.

Qu'est-ce qu'ils faisaient toute la journée?

➡ Les hommes de Cro-Magnon travaillaient beaucoup pour se nourrir et se protéger du froid. Ils taillaient le silex pour fabriquer des armes et des outils. Ils savaient faire du feu et l'utilisaient pour cuire les aliments, pour se chauffer et s'éclairer. Le feu était aussi bien utile pour éloigner les animaux sauvages!

Est-ce qu'ils faisaient tous des peintures dans les grottes?

➡ Les hommes de Cro-Magnon n'habitaient pas dans les grottes: elles sont beaucoup trop froides et sombres. Mais, au fond de quelques grottes, de véritables artistes ont fait de très belles peintures. Ces grottes peintes étaient peut-être les églises des hommes de Cro-Magnon.

C'est vrai!
Les paléontologues sont les chercheurs de la préhistoire. Ils passent des années à fouiller le sol pour trouver des dents, des os ou des pierres taillées. Et quel casse-tête pour tout remettre dans l'ordre!

**Pourquoi
le jus de citron
pique la langue?**

**Pourquoi
on se dispute?**

**Pourquoi
on perd
ses dents
de lait?**

**Pourquoi
il y a des filles
et des garçons?**

**Pourquoi
on bronze
quand
on est au soleil?**

**Pourquoi plus
on fait de sport,
plus on est musclé?**

**Pourquoi
notre cœur
se met à battre
quand on a peur?**

C'est la vie

Questions 10 à 87

Tous pareils, tous différents

10

C'est quoi un être humain?

➤ Tous les hommes, les femmes, les enfants de la Terre sont des êtres humains. Nous sommes aussi des mammifères, comme tous les animaux qui allaitent leurs petits. Mais nous sommes les seuls mammifères à nous tenir debout, les seuls à savoir parler, rire et réfléchir.

11

En quoi on est fait?

➤ Notre corps est constitué de milliards de cellules. Les cellules sont tellement petites qu'on ne peut les voir qu'au microscope. Chaque partie du corps (les os, le sang, la peau, le cerveau…) a ses cellules; elles se renouvellent sans arrêt.

Pourquoi on n'est pas tous pareils?

➤➤ Tous les êtres humains se ressemblent et, en même temps, ils sont tous différents. Grand, petit, gros, mince, blond ou brun, chacun est comme un mélange unique, fait par ses parents. Et puis, en grandissant, chacun change à sa façon.

Pourquoi il y a des filles et des garçons?

➤➤ C'est dans le ventre de la maman, au tout début, que se décide si le bébé va être un garçon ou une fille. Les filles et les garçons ont presque le même corps mais pas le même sexe. En grandissant, ils deviennent des hommes et des femmes et ils peuvent faire ensemble des enfants.

13

C'est vrai!
Il y a plus de 6 milliards d'habitants dans le monde. Les femmes sont un petit peu plus nombreuses que les hommes. Les pays les plus peuplés sont la Chine et l'Inde.

LE CORPS

Les os et le squelette

14

Est-ce que tous les os ont la même forme ?

➡ Les os du corps ont des formes et des tailles différentes. Il y a les os longs comme l'humérus, l'os du bras. D'autres sont courts comme les vertèbres et d'autres encore sont plats comme les os de la tête. Tous assemblés, ils forment le squelette.

15

À l'intérieur d'un os, c'est plein ou c'est vide ?

➡ Un os, c'est comme un tube très dur. À l'intérieur du tube, il y a une matière visqueuse, la moelle osseuse.

16

Est-ce que les os grandissent ?

➡ À la naissance, tous les os ne sont pas complètement formés. Ils contiennent une matière molle, le cartilage, qui va se transformer peu à peu en os dur. En durcissant, les cartilages font grandir l'os. Vers l'âge de 20 ans, la croissance s'arrête.

Comment les os sont accrochés les uns aux autres?

➡ Les os sont attachés les uns aux autres par des ligaments. Ce sont des sortes de bandes très solides.
Il y en a à toutes les articulations, c'est-à-dire aux endroits où le corps, les bras ou les jambes se plient.

17

Pourquoi les os restent quand on est mort?

➡ Dans l'os, la partie dure contient du calcium. C'est un matériau très solide.
Quand on meurt, les os peuvent devenir durs comme de la pierre et se conserver très longtemps.

18

C'est vrai!
Nous avons plus de 200 os dans le corps. La moitié d'entre eux se trouve dans les pieds et les mains! Le plus grand os, c'est le fémur, l'os de la cuisse, et le plus petit, c'est l'étrier, un os qui se trouve au fond de l'oreille.

LE CORPS

Les muscles

19 **Est-ce qu'on a des muscles ailleurs que dans les bras et les jambes?**

➡ Les muscles des bras et ceux des jambes sont les plus connus. Mais il y a des muscles partout dans le corps! Des grands comme ceux du ventre: les abdominaux, et des petits comme ceux qui permettent de fermer les yeux. Sans oublier un muscle qui travaille sans arrêt: le cœur!

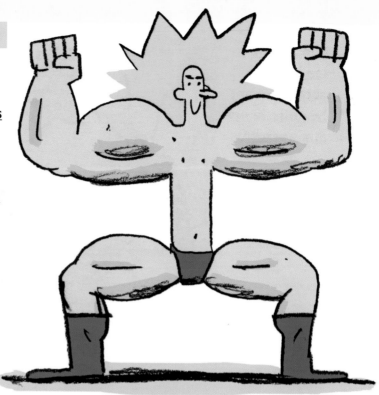

20 **À quoi ça sert d'avoir des muscles?**

➡ Grâce aux muscles, on peut bouger! Quand on veut attraper un objet sur une table, le cerveau donne un ordre aux muscles et hop, le bras se tend. Il y a aussi des muscles qu'on ne peut pas commander: le cœur, les muscles des intestins ou ceux des vaisseaux sanguins.

Pourquoi le biceps gonfle quand on plie le bras?

➤ Quand on a le bras tendu, le biceps a une forme allongée. Il est relâché. Pour plier le bras, le biceps se raccourcit et tire sur l'os. Il se contracte et ça le fait gonfler! Même si on ne le voit pas, à chaque mouvement, un muscle se contracte pendant qu'un autre muscle s'étire.

21

Pourquoi plus on fait de sport, plus on est musclé?

➤ Quand on fait travailler un muscle régulièrement, il grossit. C'est pour cela que les grands joueurs de tennis sont très musclés… d'un bras! Au contraire, quand on a un plâtre et qu'on reste longtemps sans bouger, le muscle maigrit.

22

C'est vrai!
Le corps humain possède plus de 600 muscles. La langue est composée de 17 muscles. Et on fait travailler 50 muscles pour faire une horrible grimace!

LE CORPS

Le cœur, le sang et les poumons

 23 **Pourquoi notre cœur se met à battre quand on a peur?**

➤ Le cœur bat tout le temps, mais on le sent mieux quand il bat plus vite et plus fort. Quand on a peur, tout le corps se prépare pour que l'on puisse s'enfuir en courant très vite. C'est pour cela que le cœur se met à battre plus vite.

Pourquoi ça saigne quand on a un bobo?

24 ➤ Le sang circule dans tout le corps à l'intérieur de tuyaux plus ou moins gros: les artères, les veines et les capillaires. Les capillaires sont des tuyaux très fins, ils distribuent à chaque cellule du corps l'oxygène contenu dans le sang. Quand on s'écorche, c'est le sang des petits capillaires de la peau qui s'échappe.

Pourquoi la poitrine se gonfle quand on respire fort?

➤ À chaque inspiration, le muscle de la respiration, le diaphragme, descend, les côtes s'écartent et l'air vient gonfler les poumons. Quand on souffle, le diaphragme remonte, les côtes se resserrent et l'air ressort des poumons. Quand on respire doucement, cela ne se voit presque pas mais quand on respire fort, on voit la poitrine se gonfler.

25

Quand on ne respire plus est-ce qu'on meurt?

➤ Pour que le corps puisse vivre, il a besoin en permanence de l'oxygène apporté par la respiration. Si quelqu'un retient son souffle très longtemps, ça lui fait mal et il risque de s'évanouir jusqu'à ce que la respiration reprenne normalement.

26

C'est vrai!
Le cœur d'un enfant bat plus vite que celui des adultes. Au repos, le cœur d'un adulte bat 70 fois par minute. Celui d'un enfant entre 90 et 120 fois par minute.

LE CORPS

La peau et les poils

27

Pourquoi on bronze quand on est au soleil?

➤➤ La peau est très sensible à certains rayons du soleil, les ultraviolets. Pour se protéger, la peau fabrique une substance foncée, la mélanine. Quand on se met au soleil, elle en fabrique davantage et on bronze. Mais il ne faut pas oublier la crème solaire!

28

Pourquoi il faut souvent se couper les ongles?

➤➤ Les ongles sont les griffes des humains. Ils protègent nos doigts et nos orteils. Comme les cheveux, ils poussent sans arrêt, c'est pour cela qu'on les coupe souvent. Quand ils sont trop longs, ils cassent et des saletés se glissent dessous.

Pourquoi on n'a pas tous la même couleur de peau?

➤➤ Les habitants des régions très ensoleillées ont la peau foncée. Elle contient beaucoup de mélanine pour mieux les protéger du soleil.

Les habitants des régions où il y a peu de soleil ont la peau claire.

À quoi ça sert d'avoir des poils sur le corps?

➤➤ Les poils empêchent les poussières de pénétrer à l'intérieur des yeux, du nez, des oreilles et de la bouche. Quand on a froid, ils se dressent sur la peau, c'est la chair de poule. Les cheveux protègent la tête des chocs et des rayons du soleil.

Si on ne se coupait jamais les cheveux, est-ce qu'ils pousseraient jusqu'à terre?

➤➤ On a environ 100 000 cheveux sur la tête! Ils poussent de plus de 2 mm par semaine mais ils vivent seulement 2 à 4 ans. Les chevelures les plus longues dépassent rarement un mètre.

C'est vrai!
Chaque personne a des empreintes digitales différentes et elles restent les mêmes toute sa vie. C'est pourquoi les empreintes ont longtemps servi à identifier les gens.

LE CORPS

Dans la bouche

32

Combien on a de dents?

➤➤ Les enfants n'ont que 20 dents en tout: 8 incisives, 4 canines et 8 molaires. Ce sont les dents de lait, des petites dents adaptées à la taille d'une bouche d'enfant. Les adultes ont 28 dents, plus 4 dents de sagesse.

33

Pourquoi nos dents n'ont pas toutes la même forme?

➤➤ Les dents de devant servent à couper les aliments. Elles sont plates et coupantes. Les canines déchirent la viande. Elles sont très pointues. Les molaires sont grosses et larges, elles servent à broyer les aliments.

Pourquoi il y a des gens qui portent des appareils?

➥ Les dents poussent parfois de travers. Elles sont trop en avant ou écartées ou bien elles grimpent les unes sur les autres. Pour les remettre droit, on doit porter un appareil dentaire ou des bagues.

À quoi sert la salive qu'on a dans la bouche?

➥ La salive est importante car elle tue les microbes et garde la bouche humide. Quand on mange, la salive mouille les aliments et elle commence leur digestion. Cela facilite le travail de l'estomac!

Pourquoi le jus de citron pique la langue?

➥ En regardant la langue de près, on peut voir de petites bosses: les papilles. Elles nous transmettent le goût des aliments: sucré, salé, acide, amer. L'acidité du citron est détectée par les papilles situées sur les côtés de la langue: comme le citron est très acide, ça pique!

C'est vrai!
Les dents de sagesse poussent tard, vers 18 ans, ou bien pas du tout! Certaines personnes n'ont pas de dents de sagesse ou bien elles n'ont que des germes qui ne sortiront pas de la gencive.

LE CORPS

Les yeux, le nez et les oreilles

37

Pourquoi on ne voit pas dans le noir ?

➤➤ Pour qu'on puisse voir, il faut que la pupille, le petit trou noir au centre de l'œil, laisse entrer de la lumière. Quand il fait sombre, la pupille grossit pour capter le plus possible de lumière. Mais s'il fait trop noir, on ne voit rien.

38

Pourquoi on cligne des yeux quand il y a trop de lumière ?

➤➤ Quand on regarde une source de lumière trop forte comme le soleil, cela peut être dangereux pour l'œil. Pour le protéger, la pupille devient toute petite. Et si la lumière est vraiment trop forte, les yeux se ferment automatiquement.

Comment on fait pour sentir par le nez ?

➤➤ Le nez possède des cellules pour détecter les odeurs qui flottent dans l'air. Le cerveau décide ensuite si ça sent bon ou mauvais.

Le nez aide aussi à percevoir le goût de ce qu'on mange. Quand on est enrhumé, les aliments n'ont plus de goût.

Pourquoi on a le nez qui coule quand on est enrhumé?

➤➤ Quand on est enrhumé, les microbes se multiplient à l'intérieur du nez. La morve qui s'écoule entraîne les microbes vers la sortie. Et pour aider son corps, il faut bien se moucher!

- -

Qu'est-ce qu'il y a au fond du trou des oreilles?

➤➤ Un tuyau qui conduit au tympan. C'est une membrane qui vibre comme la peau d'un tambour à chaque son. On le sent parfois quand on met la tête sous l'eau. Et, bien à l'abri derrière le tympan, on trouve l'oreille interne qui nous permet d'entendre les sons. Elle joue aussi un rôle dans l'équilibre.

C'est vrai!
Les sons trop forts peuvent sérieusement abîmer notre oreille interne. À force d'écouter trop fort un baladeur, on risque de devenir sourd.

LE CORPS

La naissance

42

Où on est avant de naître ?

➡ Pour faire un bébé, il faut un papa et une maman qui s'aiment. Les petites cellules de vie du papa s'appellent des spermatozoïdes. Celle de la maman s'appelle l'ovule. Quand les deux cellules se rencontrent, elles forment un tout petit œuf qui grandit dans la poche à bébé de la maman et devient un bébé.

43

Comment une maman sait qu'elle attend un bébé ?

➡ Il y a plusieurs signes qui peuvent indiquer à une maman qu'elle est enceinte. Ses seins gonflent, elle a envie de vomir ou se sent fatiguée. Mais pour être sûre qu'elle attend un bébé, elle doit faire un test de grossesse.

44

Comment savoir si c'est un garçon ou une fille ?

➡ Pendant la grossesse, la maman doit faire régulièrement des examens pour vérifier que le bébé va bien. L'échographie permet de voir le petit bébé dans le ventre de sa mère et de connaître son sexe.

Est-ce que le bébé mange dans le ventre de sa maman ?

➤ C'est le sang de sa maman qui apporte au bébé ce dont il a besoin pour grandir. Le bébé ne mange pas comme nous avec sa bouche, sa nourriture passe par un cordon qui le relie à sa maman. Après la naissance, on coupe ce cordon. La cicatrice, c'est le nombril !

45

Comment font les bébés pour sortir du ventre de leur maman ?

➤ Au bout de neuf mois, le bébé est prêt à naître. À vos marques, prêt, partez ! Tête en bas, il est poussé hors du ventre par de fortes contractions. Il sort par le sexe de sa maman, il respire pour la première fois… et pousse son premier cri.

46

> **C'est vrai !**
> Il faut du temps pour que le bébé se développe complètement dans le ventre de sa maman. Parfois, le bébé naît trop tôt. Ses poumons ne marchent pas encore bien et il est très fragile. Il doit rester un moment à l'hôpital avant de rentrer à la maison.
>
> **GRANDIR**

Les bébés

47

Pourquoi ils dorment toute la journée?
➥ Les bébés ont besoin de dormir deux fois plus que toi. Pendant leur sommeil, leur corps ne reste pas inactif, il grandit. Et puis, toutes ces choses nouvelles qu'ils découvrent, c'est fatigant!

Pourquoi ils ne boivent que du lait?
48
➥ À la naissance, les bébés n'ont pas encore de dents et leur estomac ne peut digérer que le lait. C'est pour cela que les mamans les allaitent ou que les parents leur donnent des biberons avec un lait spécial.

Pourquoi ils pleurent si souvent?
➥ Pas facile de se faire comprendre quand on ne parle pas encore!

Par leurs cris, les bébés communiquent avec les personnes qui s'occupent d'eux. Ils pleurent pour dire qu'ils ont sommeil, envie d'être câlinés ou faim.

Pourquoi ils ont des couches?

➦ Quand tu as envie de faire pipi ou caca, ton cerveau envoie un signal aux sphincters, les petits muscles qui servent à se retenir pour que tu aies le temps d'aller aux toilettes. Le cerveau des bébés, lui, n'est pas assez développé pour contrôler les sphincters : ils font pipi et caca dans leurs couches.

 Pourquoi ils ne savent rien faire?

➦ Les bébés sont trop petits pour faire tout ce que leurs frères et sœurs savent faire. Mais si on les observe bien, on voit qu'ils apprennent vite ! En grandissant, ils regardent autour d'eux, répondent aux sourires puis ils gazouillent et attrapent des objets.

C'est vrai !
Le plus souvent, la maman n'attend qu'un seul bébé. Mais il arrive que, dans le petit œuf de départ, il y ait deux bébés. Ce sont les jumeaux. Il peuvent parfois être 3, 4, 5 ou même 6 mais c'est très rare !

GRANDIR

La croissance

52

Pourquoi on perd ses dents de lait?

➡ Dès la naissance, les germes des dents de lait et des dents définitives sont cachés dans la gencive. Les dents de lait poussent de l'âge de 6 mois à 2 ans. Vers 6 ans, les germes des dents définitives se développent et les dents de lait tombent pour leur laisser la place.

53

Jusqu'à quel âge on grandit?

➡ La croissance des os commence à la naissance et s'arrête vers 20 ans. Mais le squelette n'est pas le seul à se modifier… À l'adolescence, tout le corps change: c'est la puberté. Quand on est adulte le corps ne grandit plus.

Quand les filles ont-elles la poitrine qui pousse?

➥ À partir de 10-12 ans, le corps des filles se transforme pour devenir un corps de femme. Les seins se forment pour leur permettre d'allaiter leur bébé quand elles seront des mamans. Des poils poussent. C'est ce qu'on appelle la puberté.

54

Qu'est-ce qui change chez les garçons?

➥ Vers 13-14 ans, chez les garçons, les muscles de la gorge et de la bouche se développent et la pomme d'Adam apparaît. Cela fait muer la voix: elle devient plus grave. Les garçons commencent aussi à avoir de la barbe et des poils un peu partout sur le corps.

55

C'est vrai!
La puberté dure plusieurs années. Les transformations ne sont pas uniquement physiques. Le caractère aussi change. On se sent bizarre, on ne s'entend plus très bien avec ses parents, on change d'amis…

GRANDIR

Et après...

Comment on devient vieux?

56

➤➤ On vieillit pendant toute sa vie! Même si tu n'es pas vieux, tu es plus âgé qu'un nouveau-né. On ne peut pas dire que la vieillesse commence à un moment précis. À partir d'un certain âge, le corps ne peut plus avoir d'enfant. Puis, peu à peu, il devient plus fragile.

Est-ce qu'on peut s'empêcher de vieillir?

➤➤ Non, on ne peut pas empêcher son corps de vieillir. Mais en prenant soin de lui pendant toute sa vie, on reste plus longtemps en bonne santé. On peut aussi colorer les cheveux blancs, ou même se faire enlever les rides.

Pourquoi les gens meurent?

57

➤➤ En vieillissant, les organes fonctionnent moins bien. Le corps se fatigue, il a du mal à se défendre contre les maladies. À la fin de la vie, c'est souvent le cœur qui s'arrête de battre ou le cerveau qui arrête de fonctionner.

Est-ce qu'on sait quand on va mourir ?

➡ Parfois, les personnes âgées ou malades souffrent beaucoup et elles n'ont plus envie de continuer à vivre. Certaines se sentent si fatiguées qu'elles ont l'impression qu'elles vont bientôt mourir.

Qu'est-ce qui se passe quand on est mort ?

➡ Quand la personne arrête de vivre, on met son corps dans un cercueil et on l'enterre dans un cimetière. Personne ne sait ce que ressent la personne qui meurt. Certains pensent qu'elle monte vivre dans le ciel, d'autres pensent qu'il ne se passe plus rien.

C'est vrai !
La personne qui a vécu le plus longtemps est une Française. Elle est morte à 122 ans.

GRANDIR

33

Tout beau, tout propre!

61 ### Pourquoi on doit se laver?

➵ Minuscules et invisibles, certains microbes peuvent nous rendre malades. Ils aiment la saleté mais ils détestent le savon. C'est pourquoi on doit se laver chaque jour pour rester en bonne santé! Pour chasser les microbes, on lave aussi régulièrement les draps des lits, on passe l'aspirateur et la serpillière dans la maison.

62 ### Pourquoi on doit se brosser les dents après les repas?

➵ Quand on mange, de tout petits bouts de nourriture restent coincés entre les dents. C'est un vrai festin pour certains microbes, les bactéries, qui se multiplient très vite! Quand on ne les brosse pas, les dents se couvrent de bactéries qui font des trous: les caries.

Pourquoi on doit se laver les mains quand on va aux toilettes?

➡ De nombreuses bactéries vivent dans nos intestins. Quand on va aux toilettes, elles sortent avec le caca. Sans danger dans notre ventre, elles peuvent être dangereuses pour d'autres parties du corps. C'est pour cela qu'il faut bien se laver les mains après s'être essuyé les fesses.

63

Pourquoi on sent mauvais des pieds dans les baskets?

➡ Quand on marche ou quand on a chaud, on transpire des pieds. Si on porte des chaussures mal aérées ou quand on les garde trop longtemps, la transpiration ne peut pas s'évaporer et ça ne sent pas très bon.

64

C'est vrai!
Il y a 200 ans, beaucoup de gens ne se lavaient presque jamais car on croyait que la saleté protégeait de la maladie. Il y a 100 ans, on prenait seulement un bain par semaine. Les autres jours, on se passait juste un peu d'eau sur le visage.

EN FORME!

Qu'est-ce qu'on mange ?

65

Est-ce que si on arrête de manger ou de boire, on meurt ?

➡ D'abord on se sent très fatigué, puis on peut mourir. Si on ne boit pas souvent, le corps ne peut plus fonctionner. Il a aussi besoin de nourriture. Les aliments apportent de l'énergie pour vivre, pour grandir.

66

Où va la nourriture quand on l'a avalée ?

➡ Dans la bouche, les aliments sont mâchés. Ils descendent ensuite dans l'estomac où ils sont transformés en bouillie très fine. Cette bouillie passe dans l'intestin, et ce qui est bon pour la santé va dans le sang pour être distribué dans tout le corps. Les déchets continuent dans le gros intestin et sortent par l'anus quand on fait caca.

Pourquoi on a le ventre qui gargouille quand on a faim ?

➡ L'estomac et les intestins contiennent des muscles qui travaillent pour aider à digérer les aliments. Entre deux digestions, ils sont remplis d'air et de liquide. Quand on a faim, les muscles se contractent plus fort et, glou glou, cela agite l'air et le liquide.

67

Pourquoi on ne peut pas manger uniquement ce qu'on aime ?

➡ Pour être en forme, il faut une alimentation variée avec des sucres, des protéines, des matières grasses et aussi des vitamines. Il y a beaucoup de vitamines dans les légumes et les fruits. Voilà pourquoi c'est important d'en manger !

68

C'est vrai !
La digestion prend du temps. Les aliments passent entre 20 et 30 heures dans le tube digestif : quelques secondes dans la bouche, quelques heures dans l'estomac et dans l'intestin grêle, et environ 18 heures dans le gros intestin.

EN FORME !

Petits soucis

69

Pourquoi, quand on a froid, on a la chair de poule ?

➤➤ Quand tu as froid, tu claques des dents, tu frissonnes et tu as la chair de poule…
Ce sont des réflexes qui t'aident à te réchauffer.
La chair de poule resserre les pores de la peau pour perdre moins de chaleur.

Et pourquoi on transpire quand on a chaud ?

➤➤ Pour lutter contre la chaleur, le corps transpire.

Il produit de la sueur :
une eau légèrement salée qui rafraîchit la peau en s'évaporant.

70

Pourquoi, sans le faire exprès, on rote ou on pète ?

➤➤ L'air qui est dans notre estomac ressort parfois par la bouche si on mange trop vite. En sortant, il produit un son, c'est un rot. Quand il y a trop de gaz dans les intestins, ils sortent sous forment de pets qui sentent souvent mauvais !

Pourquoi on a le hoquet?

➡ On a souvent le hoquet parce qu'on a trop mangé ou qu'on a mangé trop vite. Hic, hic, le grand muscle qui est sous les poumons, le diaphragme, se contracte alors brusquement en plein milieu de l'inspiration. L'air chassé violemment fait du bruit dans la gorge. Hic hoc!

72

Pourquoi on doit dormir même quand on n'en a pas envie?

➡ Le sommeil est indispensable à la santé. C'est le moment où on récupère de la fatigue de la journée. On ne fait pas rien quand on dort! Le cœur bat, on respire, on digère, on rêve. Et c'est pendant le sommeil que le corps grandit le plus!

73

C'est vrai!
Ton sommeil est d'abord léger, le moindre bruit peut te réveiller. Tu entres ensuite dans un sommeil profond. Ton corps est complètement immobile. Puis, pendant quelques minutes, tu rêves. Tes mains s'agitent, tes yeux bougent, tu souris. Ces trois phases se suivent plusieurs fois dans la nuit.

EN
FORME!

Petits soucis

Pourquoi on a un point de côté quand on a beaucoup couru ?

74

➡ Quand on fait un gros effort, le corps a besoin de beaucoup d'énergie. Le cœur et la respiration s'accélèrent. Mais quand l'effort est brusque ou qu'on manque d'entraînement, le muscle de la respiration, le diaphragme, n'arrive plus à suivre. Ouille, on a un point de côté !

75

Pourquoi on a une bosse quand on se cogne fort ?

➡ Au moment où on se cogne, les petits vaisseaux sous la peau laissent échapper du sang. Si tu t'es cogné la tête, ça gonfle et tu as une bosse. Si tu t'es cogné ailleurs, cela forme aussi une bosse mais elle se voit moins… en revanche, tu risques d'avoir un bleu !

Pourquoi les piqûres de moustiques grattent?

➡ Quand
un moustique pique,
il injecte de la salive
dans la peau pour
que le sang reste
bien liquide.
Et c'est la salive
du moustique
qui donne un bouton
et qui gratte…

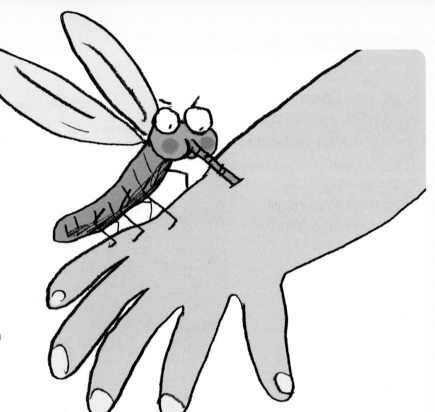

Pourquoi on a des fourmis dans les jambes?

➡ Si on reste trop
longtemps assis avec
les jambes repliées,
on empêche le sang
de bien circuler
dans les jambes.
Les picotements
que l'on sent
sont un signal d'alarme
pour nous faire changer
de position!

C'est vrai!
Quand on roule en
voiture, notre cerveau
reçoit en même temps
des informations qui
lui indiquent que le corps
est immobile mais aussi
des informations de
mouvement… puisque
la voiture bouge. Le cerveau
n'y comprend plus rien!
Et c'est à cause de
ces informations différentes
qu'on peut avoir mal au cœur.

EN FORME!

J'ai mal...

78  <u>**Comment on attrape les maladies?**</u>

➤➤ La plupart du temps, notre corps sait bien résister aux microbes. Mais parfois, il est fatigué ou il est attaqué par des microbes très costauds et il ne réussit pas à se défendre.
On tombe alors malade. Certains microbes comme le virus de la rougeole ne touchent que les enfants.

79 <u>**Pourquoi on fait des vaccins aux enfants?**</u>

➤➤ Le médecin vaccine les enfants avant qu'ils ne soient malades. Cela leur permet de résister à certaines maladies graves ou très contagieuses.

<u>**Pourquoi on a de la fièvre quand on est malade?**</u>

➤➤ La fièvre est une réaction naturelle du corps pour lutter contre la maladie. Car la température affaiblit les microbes.

Est-ce que c'est grave d'aller à l'hôpital?

➡ Il y a plein de raisons pour aller à l'hôpital : on est tombé, on s'est brûlé ou on a très mal au ventre… Parfois, on a quelque chose de grave, mais le plus souvent, ce n'est pas très grave. Dans tous les cas, aller à l'hôpital, ça fait toujours un peu peur!

Est-ce que ça fait mal une opération?

➡ Avant l'opération, un médecin endort la partie du corps qui va être opérée, avec des médicaments. Après l'opération, on a souvent mal mais l'infirmière a des calmants efficaces contre la douleur! Pour certaines opérations, on endort complètement le malade, c'est l'anesthésie générale.

C'est vrai!
Les microbes sont partout! Dans une poignée de terre, il y en a plus que d'habitants dans le monde. Mais tous les microbes ne sont pas mauvais! C'est grâce à des bactéries qu'on peut fabriquer du vinaigre, des yaourts ou du fromage. Par contre, certains virus rendent très malades.

EN FORME!

Émotions et sentiments

83

Pourquoi il y a des gens qu'on aime et d'autres pas ?

➤ En fonction de notre caractère, il y a des personnes avec qui on s'entend bien tout de suite et d'autres que l'on met plus de temps à apprécier.
Il y a aussi des gens que l'on n'aime pas et, parfois, on ne sait même pas pourquoi !

84

Pourquoi on se dispute ?

➤ On n'est pas toujours d'accord avec les autres, même avec son meilleur ami.
Et c'est bien de donner son avis !
Mais quand personne ne veut discuter, ça finit par une dispute.

85

Pourquoi on se fait gronder ?

➤ Si on se fait gronder, c'est sans doute parce qu'on a fait une bêtise. Quand les enfants font des choses dangereuses, les adultes se mettent alors vraiment en colère. Mais il y a aussi des jours où les parents grondent plus facilement.

Pourquoi les enfants pleurent plus que les grandes personnes?

➡ Les enfants pleurent pour plein de raisons: quand ils sont déçus, quand ils sont fatigués, quand ils se sont fait un bobo. Certains adultes pleurent de temps en temps, d'autres jamais. Quand on est triste, ça fait pourtant du bien de pleurer!

Pourquoi ça fait peur les cauchemars?

➡ Quand on dort, les rêves sont souvent agréables. Mais certaines nuits, on rêve de monstres, de fantômes, de chiens méchants qui nous attaquent. Ces visions terrifiantes nous réveillent d'un coup. Et parfois on met un peu de temps avant de sortir complètement de son cauchemar…

C'est vrai!
Nos émotions se voient sur notre visage! Quand on est heureux, on sourit. Quand on est fâché, on fronce les sourcils. Quand on est triste, on pleure. Et quand on est intimidé, on devient rouge comme une tomate!

EN FORME!

Pourquoi les cactus ont-ils des piquants?

Pourquoi les fleurs sentent bon?

Pourquoi fait-il froid près des pôles?

Pourquoi les plantes sont vertes?

Pourquoi il y a des marées?

Pourquoi les volcans en éruption crachent du feu?

Pourquoi la neige ne fond jamais sur certains sommets?

Dans la nature

Questions 88 à 163

Petite géographie de la Terre

88

Pourquoi on appelle la Terre la Planète bleue?

➤ Parce que la plus grande partie de la Terre est recouverte par la mer et les océans: vue de très haut dans le ciel, la Terre apparaît toute bleue! Cette eau ne se voit pas sur les autres planètes.

89

Est-ce que les continents sont posés sur la mer?

➤ Non. Notre planète est recouverte d'une croûte: la croûte terrestre. Les océans s'étendent là où la croûte est enfoncée. Là où elle est soulevée, il y a les continents.

La Terre a-t-elle toujours ressemblé à ce qu'elle est aujourd'hui?

➡ La Terre a toujours été ronde mais sa surface a changé. Il y a des millions d'années, la Terre portait plus de volcans. Il y a aussi eu une époque où il faisait bien plus froid qu'aujourd'hui.

D'où vient l'eau des rivières?

➡ Les rivières proviennent du rassemblement de petits ruisseaux qui, eux, naissent des pluies et de la fonte des neiges sur les montagnes. Parfois les pluies ont pénétré dans la terre et sont ressorties plus loin en source.

Est-ce qu'il y a des endroits sur la Terre qu'on ne connaît pas?

➡ Grâce aux photos prises depuis l'espace, on connaît aujourd'hui les moindres recoins de la Terre. Mais parfois on a la surprise de voir apparaître à la surface de l'océan une nouvelle île inconnue, qui est le sommet d'un immense volcan sous-marin…

Une terre vierge.

C'est vrai!
Il y a des centaines de millions d'années, il n'y avait qu'un seul continent sur toute la Terre. Des millions d'années plus tard, il y en avait déjà deux. Aujourd'hui, il y en a six. Ce sont l'Eurasie (Europe + Asie), l'Afrique, l'Amérique du Nord, l'Amérique du Sud, l'Australie et l'Antarctique.

AUTOUR DU MONDE

Les mers et les océans

À quoi ressemble le fond de la mer?

➼ Près des côtes, le fond de la mer est assez plat. Mais plus on s'éloigne vers le large, plus on s'enfonce. Au plus profond des océans, il y a d'immenses montagnes, des ravins de plusieurs kilomètres de profondeur, et même des volcans qui crachent de la lave!

Jusqu'où va la mer après l'horizon?

➼ Quand on regarde l'horizon, on croit que la mer n'a pas de fin. Pourtant, si on prend un bateau et qu'on avance tout droit, tout droit, on finit par atteindre une autre terre. Même si cela peut prendre beaucoup de temps!

Pourquoi certains jours la mer est chaude et d'autres, froide?

➼ Le soleil et le vent font changer la température de la mer. En été, s'il y a eu du soleil plusieurs jours et pas de vent, l'eau sera chaude. S'il a fait gris, s'il a plu et qu'un vent froid a soufflé, mieux vaut ne pas mettre les pieds dans l'eau.

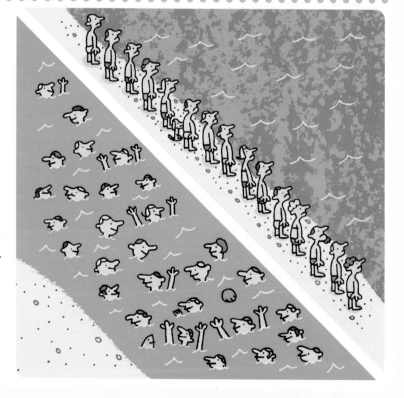

D'où viennent les vagues?

➤➤ C'est le vent qui crée les vagues. Les vagues sont des mouvements de la surface de la mer; elles se forment quand le vent souffle sur la mer, parfois même très loin des côtes. Plus le vent a soufflé fort, dans la même direction et longtemps, plus les vagues seront importantes.

Pourquoi l'eau de mer est salée?

➤➤ Il y a du sel un peu partout: dans le sol, dans l'eau, dans les rochers et les cailloux. Les fleuves qui se jettent dans la mer en apportent sans cesse. Il y a beaucoup de sel dans la mer parce que l'eau s'évapore et que le sel, lui, reste.

C'est vrai!
La mer la plus salée du monde est la mer Rouge, entre l'Afrique et l'Arabie.
La mer Morte est encore plus salée, mais c'est un lac. Les océans polaires sont les moins salés, à cause de l'eau douce qui fond des glaciers.

AUTOUR DU MONDE

Les volcans

98

Est-ce que les volcans sont tous dangereux?

➡ Il existe environ 40 000 volcans dans le monde, beaucoup sont sous la mer et la plupart sont éteints, c'est-à-dire qu'ils ne peuvent plus entrer en éruption. 50 volcans environ entrent en éruption chaque année mais leurs éruptions ne sont pas toutes dangereuses pour les populations.

99

Peut-on prévoir une éruption?

➡ Il est impossible de connaître le jour et l'heure de l'éruption de chaque volcan. Mais les volcans dangereux sont observés en permanence par les volcanologues: si la terre tremble à proximité ou si leur aspect change, c'est peut-être qu'une éruption se prépare.

100

Pourquoi les volcans en éruption crachent du feu?

➡ Quand le volcan entre en éruption, des tonnes de cendres et de pierres enflammées sont projetées hors du cratère avec de la vapeur brûlante. Poussé par le vent, le nuage finit par retomber sur la terre, il peut étouffer les gens et tout recouvrir d'une épaisse poussière.

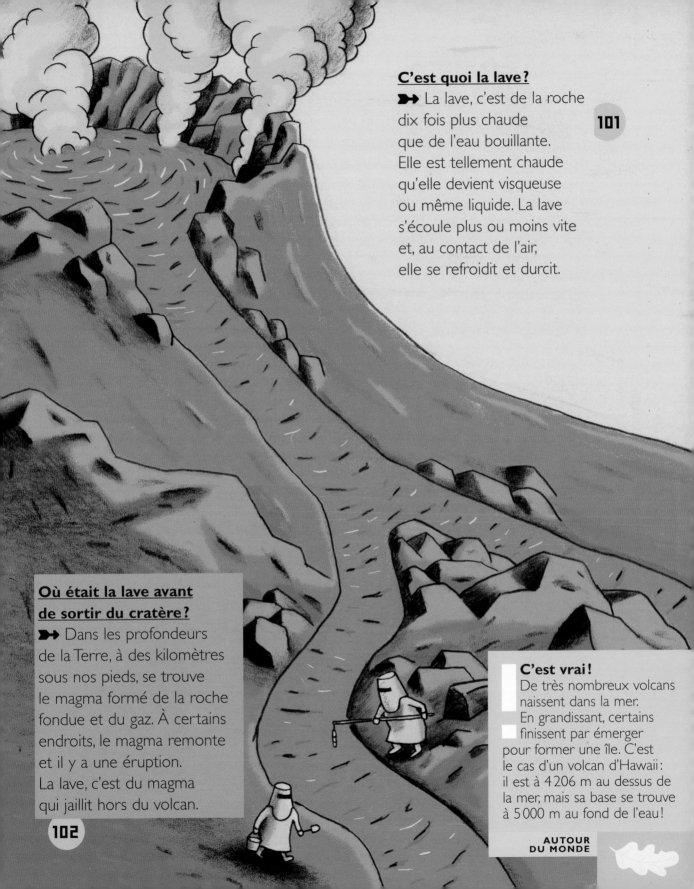

C'est quoi la lave?

➡ La lave, c'est de la roche
dix fois plus chaude
que de l'eau bouillante.
Elle est tellement chaude
qu'elle devient visqueuse
ou même liquide. La lave
s'écoule plus ou moins vite
et, au contact de l'air,
elle se refroidit et durcit.

Où était la lave avant de sortir du cratère?

➡➡ Dans les profondeurs
de la Terre, à des kilomètres
sous nos pieds, se trouve
le magma formé de la roche
fondue et du gaz. À certains
endroits, le magma remonte
et il y a une éruption.
La lave, c'est du magma
qui jaillit hors du volcan.

C'est vrai!

De très nombreux volcans
naissent dans la mer.
En grandissant, certains
finissent par émerger
pour former une île. C'est
le cas d'un volcan d'Hawaii:
il est à 4 206 m au dessus de
la mer, mais sa base se trouve
à 5 000 m au fond de l'eau!

AUTOUR
DU MONDE

Les déserts

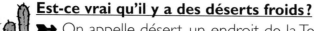

Est-ce vrai qu'il y a des déserts froids?

103

➤ On appelle désert, un endroit de la Terre où il ne pleut presque jamais. Certains déserts sont recouverts de sable, d'autres de pierres, de sel et même de glace, comme l'Antarctique. Là-bas, il ne fait pas chaud, il fait un froid polaire!

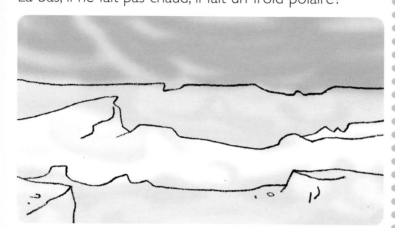

Pourquoi il ne pleut pas dans les déserts?

104

➤ Parce qu'il n'y a presque pas d'humidité dans l'air. Les nuages ne peuvent pas se former et, dans certains déserts, il ne pleut pas pendant des années! Comme il n'y a pas de nuages pour filtrer les rayons du soleil, il fait très chaud le jour. La nuit, la chaleur part dans le ciel, il fait très froid.

D'où vient le sable du désert?

➤ Il y a très longtemps, à la place du sable, il y avait des cailloux.

C'est la différence de température entre la chaleur du jour et le froid de la nuit qui a fait éclater ces cailloux en mille morceaux. En se frottant les uns aux autres avec le vent, ils ont fini par devenir de minuscules grains de sable.

Pourquoi rien ne pousse dans le désert?

➤ Des plantes poussent parfois dans le désert, dès qu'il y a un peu d'humidité dans le sol. Mais elles sont très rares: des cactus, des palmiers, des plantes bizarres… La plupart du temps, le manque d'eau empêche les plantes de pousser. Mais si jamais il pleut, des milliers de fleurs apparaissent d'un seul coup.

106

Comment on fait pour ne pas se perdre dans le désert?

➤ Dans les déserts de sable, il n'y a presque pas de routes, ni de panneaux de signalisation et les dunes se ressemblent toutes! Pour ne pas se perdre, il vaut mieux partir avec un guide qui sait se diriger avec le Soleil et les étoiles, et ne pas oublier sa boussole!

107

C'est vrai!
Le Sahara en Afrique est le plus grand désert du monde. Il est aussi grand que les États-Unis et il n'a pas fini de grandir. C'est d'ailleurs très inquiétant, chaque année il gagne encore du terrain en envahissant les régions voisines!

AUTOUR DU MONDE

Dans la jungle

108

Qu'est-ce qu'on appelle la jungle ?

➤➤ Ce sont les forêts tropicales situées près de l'Équateur, une partie du monde où il pleut beaucoup et où il fait toujours très chaud. Grâce à l'humidité et à la chaleur, les arbres et les plantes poussent si bien, sont si serrés les uns contre les autres, que ces forêts sont presque impénétrables.

109

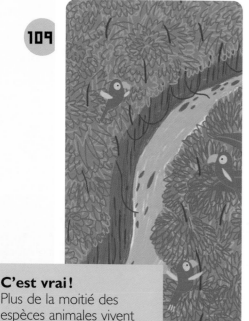

C'est vrai !
Plus de la moitié des espèces animales vivent dans les forêts tropicales. Beaucoup sont des insectes qui n'existent nulle par ailleurs.

Les arbres de la jungle sont-ils vraiment différents des nôtres?

➤➤ Oui, ce sont des arbres géants. Ils sont parfois aussi grands que des immeubles de 17 étages ! Et leur feuillage est si serré à leur sommet que la lumière du soleil a du mal à passer à travers. C'est là-haut, dans la lumière, que vivent la plupart des animaux.

110

Pourquoi il y a des lianes qui pendent des arbres ?

➤➤ Les lianes sont des plantes grimpantes qui s'enroulent autour des troncs pour monter vers la lumière.

Par endroits, elles laissent retomber vers le sol leurs immenses tiges molles, pour le plus grand bonheur des singes.

Dans la savane

À quoi ressemble la savane?

➤➤ La savane, c'est une immense étendue d'herbe qui s'étend à perte de vue dans une grande partie de l'Afrique. Les rares arbres qui y poussent sont des baobabs gros comme des tonneaux, et des acacias épineux qu'escaladent les babouins.

Pourquoi les baobabs ont cette forme bizarre ?

112

➤➤ On a surnommé ces arbres les « arbres bouteilles ». Pour pouvoir survivre à une longue période sans pluie, leur tronc fonctionne comme une éponge: dès qu'il pleut, il grossit, il grossit, il fait des réserves d'eau pour la saison sèche.

Pourquoi il y a si peu d'arbres dans la savane?

➤➤ Parce qu'il n'y pleut pas suffisamment! Dans cette partie du monde, il n'y a que deux saisons: une longue saison sèche, sans une goutte de pluie, où l'herbe jaunit sous le soleil brûlant, et une courte saison des pluies, où l'herbe reverdit très vite…

113

C'est vrai!
La savane est un mot réservé à l'Afrique. Mais il existe ailleurs dans le monde de grandes étendues d'herbe assez semblables: la pampa en Amérique du Sud, la steppe en Asie, la grande prairie en Amérique du Nord…

Les régions polaires

114

Pourquoi fait-il froid près des pôles?

➡ Au pôle Nord et au pôle Sud, les rayons du Soleil sont trop rares et pas assez chauds pour réchauffer l'atmosphère. En hiver, il fait nuit pendant six mois, il neige beaucoup et un vent glacial souffle en permanence!

115

Qu'est-ce que c'est la banquise?

➡ La banquise se forme en hiver. Ce sont des kilomètres de mer qui gèlent sur plusieurs mètres d'épaisseur, comme une immense patinoire! Au printemps, quand la mer se réchauffe, la banquise fond et de grosses plaques de glace s'en détachent.

116

Il y a de la glace et de la neige toute l'année?

➡ Pas toujours! Par exemple, près du pôle Nord quand c'est l'été, il fait jour tout le temps et le soleil ne se couche pas pendant plusieurs semaines: sa chaleur peut faire fondre la neige et la glace, et le sol se couvre alors d'un tapis de mousses et de petites fleurs.

117

Qui peut vivre dans des régions aussi froides?

➤➤ Les Esquimaux qui vivent depuis très longtemps près du pôle Nord ont su s'adapter à ce climat si difficile. Mais personne n'habite au pôle Sud, à part quelques scientifiques et des explorateurs qui le traversent.

Pourquoi les icebergs sont si dangereux pour les bateaux?

➤➤ Les icebergs sont de gigantesques blocs de glace flottants: ils se sont décrochés des glaciers et ils glissent sans bruit avec les courants marins. Quand la mer est recouverte d'un épais brouillard, les marins ne les voient pas. Aujourd'hui, les radars permettent aux navires de les repérer.

118

C'est vrai!
Le pôle Nord est un point au milieu d'un océan, bordé par des îles et des pays. Le pôle Sud est un point au milieu d'un continent, l'Antarctique, entouré par la mer, et recouvert par endroit de plus de 4 000 m de neige et de glace!

AUTOUR DU MONDE

Au bord de la mer

119

Pourquoi il y a des marées?

➡ C'est surtout la Lune, aidée par le Soleil, qui provoque les marées en attirant vers elle l'eau des océans qui recouvrent la Terre. Quand ils sont du côté de la Lune, les océans «montent» vers elle, c'est marée haute. Quand ils sont de l'autre côté, c'est marée basse.

120

Pourquoi il n'y a pas des plages de sable partout?

➡ Une plage se forme là où les vagues et le vent arrivent à transformer certaines roches de la côte en sable. Et cela prend des milliers d'années! C'est en se frottant les uns contre les autres que les rochers arrachés à la côte deviennent de petits grains de sable!

Pourquoi les algues sur les rochers à marée basse sont-elles si glissantes?

➡ Ce n'est pas uniquement parce qu'elles sont mouillées.

Ces algues sont recouvertes d'une substance gluante qui leur évite de se dessécher au soleil et de mourir, avant que la marée montante ne les recouvre complètement de nouveau.

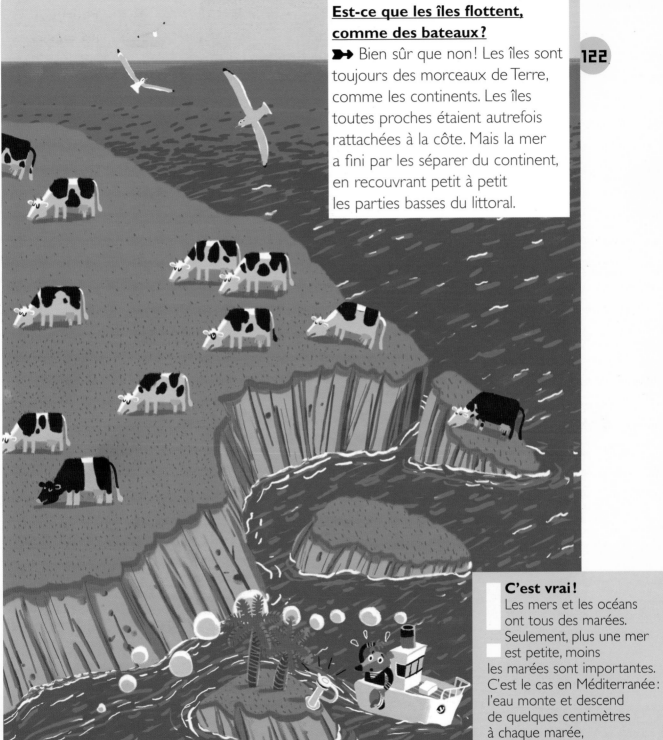

Est-ce que les îles flottent, comme des bateaux?

➡➡ Bien sûr que non! Les îles sont toujours des morceaux de Terre, comme les continents. Les îles toutes proches étaient autrefois rattachées à la côte. Mais la mer a fini par les séparer du continent, en recouvrant petit à petit les parties basses du littoral.

C'est vrai!

Les mers et les océans ont tous des marées. Seulement, plus une mer est petite, moins les marées sont importantes. C'est le cas en Méditerranée: l'eau monte et descend de quelques centimètres à chaque marée, et on s'en aperçoit à peine!

PROMENONS-NOUS

Dans la forêt

123

Est-ce que les forêts poussent toutes seules?

➤ Oui, mais pas n'importe où! Il faut que le climat soit favorable aux arbres. Et aussi qu'on ne la détruise pas. Les forestiers entretiennent les forêts: ils coupent et replantent des arbres quand c'est nécessaire.

124

Est-ce que toutes les forêts se ressemblent?

➤ Non, elles sont différentes selon les endroits où elles poussent, le climat et le sol. Elles sont composées de différentes espèces d'arbres. Certains perdent leurs feuilles en hiver et d'autres non. Sous les arbres, le sol peut être encombré de buissons ou juste couvert de mousse.

Pourquoi les feuilles des arbres tombent en hiver?

➥ Les feuilles ont besoin de lumière pour vivre. En hiver, il y a moins de soleil et donc moins de lumière, beaucoup d'arbres perdent alors leurs feuilles et se reposent. Les petites feuilles des sapins, les aiguilles, ne tombent pas en hiver: les sapins restent toujours verts.

Rendez-vous au printemps!

125

Y a-t-il des loups dans les forêts?

➥ Il n'y a plus de loups dans les forêts près de chez nous. Les hommes les ont chassés. Mais il y a toujours des loups dans les forêts du grand Nord, là où il n'y a presque pas d'habitants.

Allô mémé?

126

C'est vrai!
On dit que les forêts sont les « poumons de la Terre », car les feuilles des arbres produisent de grandes quantités d'oxygène, tout en absorbant une partie de l'air pollué des villes.

Les grottes et les gouffres

127

Est-ce qu'il y a des grottes partout sous la terre?

➤ Il peut y avoir une grotte cachée sous la terre partout où le sol est en roche calcaire. Le calcaire est une roche tendre que l'eau de pluie creuse au cours du temps. On a déjà découvert beaucoup de grottes dans divers endroits de la Terre, mais il en reste sûrement bien d'autres à découvrir.

Les grottes ont-elles toujours existé?

➤ Elles ont commencé à se creuser dès que la première goutte de pluie est tombée sur la Terre!

Mais il faut des milliers et des milliers d'années pour que la pluie arrive à creuser une grotte comme celles qu'on peut visiter aujourd'hui.

128

D'où vient l'eau qu'il y a dans les grottes?

➤ C'est de l'eau de pluie! Quand elle arrive dans une grotte déjà creusée, elle ruisselle sur ses parois, sculptant des colonnes, des stalactites et des stalagmites, formant un lac ou une rivière souterraine.

C'est dangereux d'aller dans une grotte?

➤ Non, quand elles sont aménagées pour les visites. Oui, quand il s'agit de grottes nouvelles ou peu connues. Les spéléologues portent un équipement qui ressemble à celui des alpinistes avec une lampe sur leur casque, car le chemin est souvent difficile et il fait noir…

130

C'est quoi un gouffre?

➤ Quand le plafond d'une grotte s'effondre, la grotte se retrouve à ciel ouvert et devient alors un gouffre. Certains gouffres sont très profonds: leur fond peut être à plus d'un km de la surface du sol!

131

C'est vrai!
Dans les grottes, la nature prend son temps: les stalagmites, ces colonnes de calcaire qui montent du sol vers le plafond, grandissent seulement de 2 mm par an! Quand elles mesurent 10 m de haut c'est qu'elles poussent depuis 5 000 ans!

PROMENONS-
NOUS

La montagne en été

132

Pourquoi il n'y a pas d'arbres près des sommets?

➡ Plus on se rapproche des sommets, plus il fait froid et plus la végétation se fait rare. Tout en haut, les arbres et les plantes ne poussent plus. Il ne reste que quelques touffes de mousse accrochées aux rochers.

133

Pourquoi la neige ne fond jamais sur certains sommets?

➡ Plus on prend de l'altitude, plus il fait froid. Plus il fait froid, plus il neige et moins cette neige peut fondre, même en été! C'est pourquoi les montagnes les plus hautes ont de la neige à leur sommet toute l'année. On dit que ce sont des «neiges éternelles».

134

D'où vient l'eau des lacs de montagnes?

➡ C'est de la glace et de la neige fondues qui proviennent des champs de neige et des glaciers autour. Quand cette eau est restée prisonnière dans un creux de la montagne pendant des milliers d'années, un lac s'est formé. Il faut aussi que le fond du lac soit constitué de roche imperméable, qui ne laisse pas passer l'eau.

À la montagne, si on a soif, on peut boire l'eau des rivières?

➤➤ Il vaut mieux ne pas la boire, sauf si on la recueille juste à sa source! L'eau des rivières et des torrents peut avoir été salie par les vaches ou les moutons des pâturages aux alentours. En plus, elle est si froide qu'elle peut faire très mal au ventre…

135

Comment font les fleurs pour pousser sur des rochers?

➤➤ En montagne, beaucoup de fleurs poussent sur les rochers mais ce ne sont pas des fleurs comme les autres. Elles ont de longues racines pour bien s'accrocher au peu de terre qu'il y a entre les rochers. Et des couleurs chatoyantes pour attirer les insectes qui vont les féconder pendant leur courte floraison.

136

C'est vrai!
Sur une montagne, les deux versants sont différents. Celui qui se trouve au nord est le plus à l'ombre, il reste plus longtemps couvert de neige. On l'appelle l'ubac. Sur le versant sud, la neige fond plus vite car il est au soleil: c'est l'adret.

PROMENONS-NOUS

La montagne en hiver

137

Pourquoi il y a des glaciers à certains endroits?

➡ Au sommet de certaines montagnes, la neige s'accumule en une couche si épaisse qu'elle finit par durcir et se transformer en glacier qui s'étale lentement dans le sens de la pente.

138

Est-ce qu'on peut prévoir les avalanches?

➡ En général, on sait à peu près où, et quand, elles peuvent se produire. L'hiver, on surveille sans arrêt les endroits à risque. Mais les avalanches sont parfois imprévisibles. Tout dépend de la qualité de la neige, de la pente et du temps qu'il fait.

139

Pourquoi les chalets ont de si grands toits?

➡ Ces immenses toits qui débordent des maisons servent à retenir la neige. La couche de neige accumulée sur le toit, composée de flocons et de beaucoup d'air, protège du froid les gens qui vivent dans le chalet. Un peu comme une grosse couette!

Comment sont faites les pistes de ski?

➤➤ Pendant l'été, les responsables des pistes font des repérages: des endroits sans rochers et avec une bonne pente. Souvent, ils font couper des arbres et rectifient le terrain au bulldozer. Ensuite, ils attendent que la neige tombe!

Pourquoi il y a tant de sapins en montagne?

➤➤ Les conifères, c'est-à-dire les sapins, les mélèzes et les épicéas sont bien adaptés à l'altitude. Grâce à leur forme pointue, la neige glisse sans trop peser sur leurs branches. Ils supportent le froid et gardent leurs aiguilles en hiver (sauf les mélèzes!).

C'est vrai!
Sous des sommets recouverts de neiges éternelles peuvent se cacher des cratères de volcans! Comme le Fuji-Yama au Japon, le Kilimandjaro en Afrique et aussi les hauts plateaux d'une grande île au nord de l'Europe appelée l'Islande.

Petite botanique

Est ce que les arbres sont des plantes?

142 ➤ Bien sûr! Ce sont de très grandes plantes, avec des feuilles ou des aiguilles, mais aussi des fleurs, des fruits et des graines. Plus ils grandissent, plus leur tronc s'élève et s'épaissit. Et plus leurs racines s'allongent et s'enfoncent dans le sol.

Pourquoi dit-on que certaines plantes sont des « mauvaises herbes » ?

➡ Ce sont des plantes sauvages qui poussent là où elles ne devraient pas. Elles ne sont pas utiles à l'homme et ne sont pas toujours très jolies. Les jardiniers ont beau les arracher, elles repoussent sans cesse !

Pourquoi les plantes sont vertes ?

➡ La grande majorité des plantes possède des feuilles vertes. Ces feuilles contiennent une substance verte qui s'appelle la chlorophylle. Cette chlorophylle leur sert à utiliser la lumière dont elles ont absolument besoin pour vivre.

Est-ce que toutes les plantes ont des fleurs ?

➡ Les algues, les mousses, les fougères et les conifères n'ont pas de fleurs mais de nombreuses plantes ont des fleurs. Le pollen d'une fleur est transporté par le vent ou par un insecte butineur. En touchant le cœur d'une autre fleur, il pourra former une graine.

143

144

C'est vrai !
Les plantes poussent partout où il y a de l'air, de l'eau et de la lumière, même en très petite quantité. Mais une plante ne peut pas pousser dans une grotte obscure ni dans un désert où il n'y a pas la moindre goutte d'humidité dans le sol ou dans l'air.

145

LES PLANTES

Les fleurs

146 <u>**Pourquoi les fleurs sentent bon ?**</u>

➤ Les fleurs n'ont pas toutes une odeur. Mais quand elles en ont, c'est pour attirer les insectes. D'ailleurs, toutes les fleurs n'ont pas une odeur qui nous plaît ! L'arum faisandé sent la viande pourrie : nous on déteste, mais les grosses mouches adorent.

147  <u>**Pourquoi faut-il mettre de l'eau dans les vases ?**</u>

➤ Parce que les fleurs, comme toutes les plantes, ont besoin d'eau pour vivre ! Qu'elles soient coupées, ou en pleine terre dans un jardin, elles se servent de leur tige comme d'une paille pour aspirer l'eau dont elles se nourrissent.

Est-ce qu'il y a des fleurs dangereuses?

➤ Oui, la digitale, par exemple, avec ses fleurs en forme de clochettes. C'est très tentant de glisser un doigt dedans! Mais il ne faut surtout pas le faire car elles contiennent du poison: et si on met son doigt dans la bouche après, on peut avoir très mal au ventre…

148

Pourquoi les fleurs se fanent?

➤ Les fleurs vivent et meurent. Elles s'épanouissent un certain temps puis elles se recroquevillent et perdent leurs couleurs: les pétales tombent et les graines apparaissent. Dans un vase, les fleurs se fanent au bout de quelques jours.

149

C'est vrai!
Les tournesols sont des plantes très malignes: pour que les graines contenues dans leurs fleurs mûrissent plus vite, ils se tournent toujours face au soleil, quelle que soit sa position dans le ciel!

LES PLANTES

Les légumes et les céréales

150

Pourquoi les légumes ne sont pas tous verts?

➡ Parce que ce sont des plantes ou des parties de plantes très différentes. Par exemple, les épinards ou les salades sont les feuilles de la plante, les carottes ou les radis, des racines, les asperges, le céleri ou les poireaux, des tiges.

151

Les céréales, ce sont des plantes?

➡ Oui, ce sont des sortes d'herbes. Mais des herbes cultivées pour l'alimentation des hommes ou des animaux. Les plus connues sont le blé, le maïs, le riz qui pousse les pieds dans l'eau des rizières, en Asie, et le sorgho qui pousse surtout en Afrique.

Pourquoi les pommes de terre ne ressemblent pas aux pommes?

➡ Elles n'ont aucun point commun, malgré leurs noms qui se ressemblent! Les pommes sont les fruits d'un arbre, le pommier. Les pommes de terre sont des légumes qui poussent dans la terre, sur les racines de la plante.

152

D'où viennent les légumes en hiver?

➡ Beaucoup de légumes aujourd'hui sont cultivés dans des serres. Là, ils sont au chaud et à l'abri, même lorsqu'il fait froid dehors. Les légumes ne connaissent plus les saisons, mais cela permet d'en manger toute l'année!

153

C'est vrai!
Ce sont les explorateurs qui ont eu la bonne idée de rapporter de leurs lointains voyages en Amérique des légumes inconnus en Europe: le maïs, la pomme de terre, la tomate, les haricots ou le concombre…

LES PLANTES

Les champignons

154 **Pourquoi les champignons n'ont pas de feuilles ?**

➡ Parce que ce ne sont pas des plantes. Ils font partie d'une catégorie à part, sans feuilles, sans tige, sans fleur. Ils n'ont pas de chlorophylle.
Et à la place des racines, ils ont de longs filaments pour pomper leur nourriture dans le sol.

155  **Peut-on mourir si on mange un mauvais champignon ?**

➡ C'est rare, parce qu'il existe très peu de champignons mortels, mais cela peut quand même arriver.
La plupart des champignons vénéneux donnent très mal au ventre. Et si on en a mangé en grande quantité, on peut être très malade.

Comment reconnaît-on un mauvais champignon ?

➡ Seuls les gens qui s'y connaissent savent distinguer les bons champignons des mauvais.

Pour être sûr de ne pas s'empoisonner, mieux vaut ne pas toucher ou ramasser un champignon inconnu. En cas de doute, il faut montrer sa cueillette à un spécialiste ou à un pharmacien !

Est-ce que les champignons rouges à pois blancs existent?

➤ Ces jolis champignons que les enfants aiment bien dessiner sont des champignons vénéneux, pas du tout comestibles! On les appelle des « amanites tue-mouches ». Ils peuvent vraiment tuer des mouches, mais heureusement pas les hommes.

 Est-ce que les champignons de Paris poussent à Paris?

➤ Autrefois, on les cultivait à Paris, mais plus aujourd'hui. Ces champignons sont cultivés dans des champignonnières, des caves fraîches et humides d'une région appelée l'Anjou. Ils ne connaissent ni l'odeur des forêts, ni la lumière du jour!

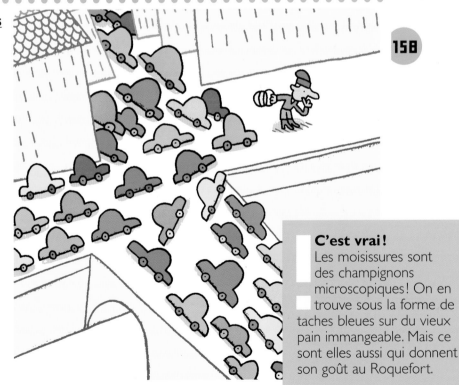

C'est vrai!
Les moisissures sont des champignons microscopiques! On en trouve sous la forme de taches bleues sur du vieux pain immangeable. Mais ce sont elles aussi qui donnent son goût au Roquefort.

LES PLANTES

Des plantes extraordinaires

159

Pourquoi les cactus ont-ils des piquants?

➡ Les cactus peuvent pousser dans des pays chauds, où il ne pleut presque pas. C'est possible grâce à leurs piquants, qui sont en fait des petites feuilles repliées; elles laissent moins d'eau s'évaporer que les feuilles dépliées.

160

Est-ce vrai qu'il existe des fleurs géantes?

➡ La plus grande fleur du monde est la rafflésie. C'est une fleur très bizarre qui mesure près d'un mètre de diamètre, qui pèse dix kilos et qui sent très mauvais. Elle pousse comme un champignon, sur le tronc de certains arbres dans les forêts d'Asie.

161

Les plantes carnivores peuvent-elles manger des gens?

➡ Non, en général elles ne mangent que des insectes. Elles les attirent avec leur parfum sucré, puis elles se referment sur eux pour les digérer. Les plus grosses peuvent quand même manger des petits oiseaux, des grenouilles et même des rats!

Comment font les nénuphars pour flotter sur l'eau?

➡➡ Ce sont leurs feuilles qui flottent sur l'eau parce qu'elles contiennent des bulles d'air. Les nénuphars ont aussi des tiges qui restent sous l'eau et dont les racines s'enfoncent dans la vase.

Est-ce vrai que certaines fleurs ont des poils?

➡➡ Oui, c'est le cas de l'edelweiss, une petite fleur blanche des montagnes qui pousse sur les sommets. Ses pétales sont recouverts d'un épais duvet qui la protège du froid!

C'est vrai!
Les bambous sont les plantes qui poussent le plus vite au monde. Ils peuvent en quelques mois atteindre la taille d'un grand arbre. C'est le bambou géant d'Asie qui bat tous les records de croissance: il grandit de 50 cm par jour!

163

LES PLANTES

Pourquoi les dauphins sautent hors de l'eau ?

Pourquoi on dit que le renard est rusé ?

Pourquoi le coq chante si tôt le matin ?

Pourquoi on doit chasser les mouches ?

Pourquoi on appelle les mantes «religieuses» ?

Pourquoi on dit que le lion est le «roi des animaux» ?

Pourquoi un chat fait le gros dos ?

Les animaux
Questions 164 à 273

Les chiens

164

Comment font les chiens pour se faire si bien comprendre?

➤ Selon les circonstances, ils aboient, ils grognent, ils jappent ou ils gémissent. Mais ils communiquent aussi avec leur corps. Un chien qui remue la queue est un chien heureux. S'il a la queue basse, il a sans doute fait une bêtise, et il cherche à se faire pardonner!

Pourquoi les chiens aiment ronger les os?

➤ C'est vrai que les chiens adorent ronger les gros os de bœuf ou de veau. En les mordillant, ils se font du bien aux dents et ils absorbent du calcium indispensable à leur santé.

165

Pourquoi il ne faut pas caresser un chien qu'on ne connaît pas?

➤ En général, les chiens aiment qu'on les caresse mais certains sont dressés pour être agressifs; ils peuvent aussi être surpris par certains mouvements de personnes qu'ils ne connaissent pas.

C'est vrai!
Le dingo qui vit en Australie est un chien sauvage. Son pelage ressemble à celui du renard, il n'aboie pas mais il hurle comme le loup, et il s'attaque aux troupeaux de moutons et aux kangourous.

167

Pourquoi les chats ronronnent?

➤➤ Du chaton au vieux matou, tous les chats ronronnent quand ils se sentent bien et quand on les caresse. C'est un signe de plaisir. Ce sont leurs cordes vocales situées au fond de leur gorge qui émettent ce bruit caractéristique, en vibrant.

Les chats

C'est vrai que les chats voient la nuit?

168

➤➤ Dans l'obscurité, les chats voient beaucoup mieux que nous. Leur pupille peut se dilater énormément et percevoir la moindre trace de lumière. En revanche, dans le noir total, ils sont comme nous, ils ne voient rien du tout!

Pourquoi un chat fait le gros dos?

➤➤ Quand il n'est pas content, un chat souffle fort, montre ses dents et fait le gros dos en hérissant tous ses poils: il a l'air plus impressionnant. C'est sa manière à lui d'intimider son adversaire.

C'est vrai!
Le chat est un félin. C'est un petit cousin du tigre et de la panthère! Et, comme tous les félins, à l'exception du guépard, les chats peuvent à volonté rentrer ou sortir leurs griffes.

169

Les petites bêtes des jardins

170

Pourquoi les escargots rentrent souvent dans leur coquille?

➤➤ Leurs coquilles leur servent d'abri. Ils rentrent complètement à l'intérieur dès qu'ils sont en danger, quand il fait trop froid, ou trop chaud. Et pour être encore plus en sécurité, en particulier en hiver quand ils hibernent, ils bouchent l'entrée avec leur bave qui devient solide en séchant.

171

Les points sur le dos des coccinelles indiquent-ils leur âge?

➤➤ Pas du tout! Les coccinelles sont de petits insectes qui ne vivent pas plus d'un an. Et pourtant, la coccinelle la plus répandue a sept points noirs sur son dos…

172

Pourquoi il y a tant de pigeons dans les grandes villes?

➤➤ Si les pigeons prolifèrent dans les villes, c'est parce qu'il est interdit de les chasser. C'est aussi parce qu'ils y trouvent tout ce qu'il leur faut pour se nourrir et suffisamment de recoins dans les murs pour installer leurs nids.

D'où vient le fil des toiles d'araignée? **173**

➡ Les araignées tissent leur toile avec un fil de soie très fin, très solide et collant, qu'elles fabriquent dans leur abdomen.

Pourquoi on dit « myope comme une taupe »?

➡ La taupe, qui passe sa vie à creuser des galeries souterraines avec ses grosses pattes, a des yeux si petits qu'elle est presque aveugle. Alors, elle se sert de son odorat et de ses moustaches pour se diriger et trouver les vers de terre dont elle se nourrit.

174

C'est vrai!
Les bébés hérissons naissent chauves. Leurs piquants ne commencent à pousser qu'au bout de quelques heures. Les hérissons adultes ont plus de 7 000 piquants sur le corps: de quoi décourager leurs agresseurs quand ils se mettent en boule!

ANIMAUX D'ICI

Les abeilles

176 Quelle différence il y a entre une abeille et une guêpe?

➤➤ Les abeilles butinent les fleurs et meurent en perdant leur dard quand elles piquent. Les guêpes ont le ventre noir et jaune, elles ne font pas de miel, elles aiment manger dans nos assiettes et elles peuvent nous piquer plusieurs fois!

175 Pourquoi les abeilles fabriquent du miel?

➤➤ C'est pour nourrir les autres abeilles et les larves qui vivent dans la ruche. Les ruches sont de formidables usines à miel et les apiculteurs n'ont plus qu'à se servir, en prenant garde aux piqûres!

C'est vrai!
La reine des abeilles est beaucoup plus grande que les abeilles ouvrières. Elle passe toute sa vie enfermée dans la ruche, soignée par les ouvrières et elle pond des centaines d'œufs par jour, sauf en hiver!

177 Combien il y a d'abeilles dans une ruche?

➤➤ Dans une ruche, il y a une seule reine entourée de 2 500 faux bourdons et de 50 000 abeilles ouvrières. Les abeilles ouvrières qui font le miel ne vivent que 38 jours!

Les fourmis

Comment font les fourmis pour repérer leur nourriture?

➤➤ Les fourmis ont une mauvaise vue, mais elles s'orientent grâce à leur odorat et à leurs antennes. C'est aussi à leur odeur qu'elles reconnaissent les fourmis qui font partie de la même fourmilière.

178

Qu'est-ce que les fourmis font dans la fourmilière?

➤➤ La fourmilière abrite une ou plusieurs reines chargées de pondre des œufs. Des milliers de fourmis ouvrières protègent la colonie, stockent la nourriture, nettoient les chambres où se trouvent les œufs, nourrissent les larves…

179

Pourquoi elles se déplacent à la queue leu leu?

➤➤ C'est pour ne pas se perdre! En marchant, les fourmis déposent sur leur passage une substance odorante que toutes les fourmis d'une même fourmilière reconnaissent. Il leur suffit de suivre ce chemin odorant pour retrouver leur maison!

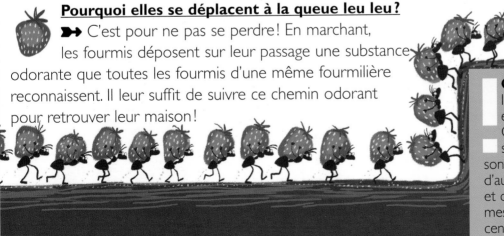

C'est vrai!
Il existe plus de 12000 espèces de fourmis. On en trouve partout sur la Terre. Certaines sont rouges, d'autres noires, d'autres encore ont des ailes, et celles qui sont géantes mesurent plusieurs centimètres!

180

Les insectes qui volent

181

C'est vrai que ce sont les moustiques femelles qui piquent?

➤➤ Comme chez les guêpes, ou les grosses mouches appelées taons, seules les femelles moustiques piquent. En piquant, elles prélèvent un peu de sang, une nourriture pleine d'énergie qui leur permet de fabriquer et de pondre leurs œufs.

Pourquoi les papillons ont des dessins sur leurs ailes?

➤➤ Ce sont des écailles microscopiques et souvent très colorées qui forment les dessins sur les ailes des papillons. Ils leur permettent de se reconnaître entre espèces pour se reproduire.

Ils peuvent aussi servir à faire peur à leurs ennemis ou à se cacher.

Pourquoi on ne voit pas les ailes des hannetons?

182 ➤➤ Les ailes des hannetons sont cachées sous une carapace qui les protège, un peu à la manière d'un bouclier. Dès que les hannetons veulent s'envoler, cette carapace s'ouvre par le milieu et leurs ailes se déplient.

Pourquoi on doit chasser les mouches?

 ➤ Les mouches ont l'habitude de se poser sur des choses dégoûtantes qui sont des nids à microbes, comme les détritus, les excréments… En se posant ensuite sur nous ou sur nos aliments, elles peuvent transporter des saletés et nous transmettre des maladies.

Pourquoi les cigales chantent?

 ➤ Ce sont seulement les cigales mâles qui chantent. Elles chantent en été, pour attirer les femelles, en serrant et relâchant la peau de leur ventre.

Où peut-on voir des libellules?

 ➤ Les libellules vivent près des mares et des étangs parce qu'elles pondent leurs œufs dans l'eau. C'est là que leurs larves vont grandir après l'éclosion des œufs: dès que leurs ailes ont poussé, elles sortent de l'eau et s'envolent.

C'est vrai!
Avec leurs longues antennes, la sauterelle et le grillon se ressemblent.
C'est en regardant leurs pattes qu'on peut les différencier: celles de la sauterelle sont toutes fines. Le criquet, lui, est plus facile à reconnaître: il a de toutes petites antennes.

ANIMAUX D'ICI

Les insectes qui marchent

187

Les mille-pattes ont vraiment mille pattes?

➡ Non, jamais autant! Les mille-pattes qui ont le plus de pattes en ont seulement plusieurs centaines. Mais les mille-pattes sont quand même les animaux qui ont le plus de pattes!

188

Comment s'appellent les insectes qui ressemblent à des branches?

➡ Des phasmes. Ce sont des insectes très bizarres. Pour se camoufler, ils sont capables d'imiter parfaitement une petite branche comme celle sur laquelle ils sont posés. Ils restent ainsi des heures en bougeant très peu pour ne pas se faire repérer par les oiseaux.

189

Pourquoi on appelle les mantes «religieuses»?

➡ C'est à cause de la position de leurs pattes avant: quand elles sont repliées, on dirait qu'elles font sagement leur prière. Mais pas du tout! Elles sont prêtes à les tendre très vite pour attraper une proie…

Pourquoi il y a autant d'araignées sur les étangs?

➤➤ Ce ne sont pas des araignées, mais des insectes appelés des gerris. Ils attendent qu'un insecte tombe à l'eau pour le dévorer. Et c'est grâce aux poils minuscules qu'ils ont sous leurs longues pattes qu'ils peuvent glisser à la surface de l'eau sans s'enfoncer.

Pourquoi les cafards sont si désagréables?

➤➤ Quand les cafards s'installent dans une maison, ils se faufilent partout, trouvant de quoi se nourrir dans les moindres recoins, salissant ce qu'ils touchent, se multipliant à toute vitesse. Ce sont des envahisseurs dont il faut vite se débarrasser.

C'est vrai!
Qu'ils volent ou non, les insectes ont toujours six pattes. C'est pourquoi les araignées, qui ont huit pattes, ne sont pas des insectes! Elles font partie d'une autre catégorie: les arachnides.

ANIMAUX D'ICI

Les petites bêtes du bord de l'eau

192

Est-ce que les grenouilles respirent sous l'eau?

➡ Oui, même si elles ont des poumons pour respirer à la surface, les grenouilles respirent aussi sous l'eau à travers leur peau qui absorbe l'air dissous dans l'eau. Les têtards, qui sont les bébés grenouilles, ont des branchies comme les poissons et ne peuvent respirer que dans l'eau.

Combien de têtards font les grenouilles?

➡ Les grenouilles pondent des milliers d'œufs dans l'eau. Mais seulement un œuf sur mille environ deviendra une grenouille.

193

Pourquoi les crapauds chantent si fort?

➡ Au printemps et en été, on les entend coasser la nuit près des mares et des étangs. Ce sont les mâles qui cherchent à attirer les femelles, en gonflant et dégonflant bruyamment la peau de leur cou, comme un ballon.

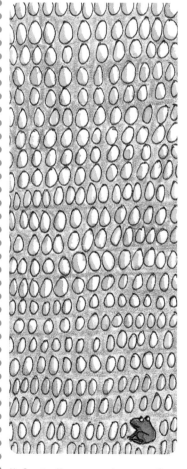

Il faut dire que les œufs et les têtards sont un régal pour les poissons!

Est-ce que la grenouille est la femelle du crapaud?

➤➤ Non. Ce sont deux animaux différents. Les grenouilles ont généralement la peau lisse alors que les crapauds ont la peau rugueuse et couverte de verrues.

195

Pourquoi il y a tant de moustiques près des étangs?

➤➤ Parce que les femelles moustiques pondent leurs œufs dans les eaux calmes, comme celles des étangs. Une fois que les larves ont grandi, les jeunes moustiques sortent de l'eau par dizaines et s'envolent.

196

C'est vrai!
Les écrevisses sont des petits crustacés qui vivent dans les rivières. Avec leurs grosses pinces, elles ressemblent à des langoustes en miniature: elles ne mesurent que 10 cm de long environ.

ANIMAUX D'ICI

Dans les champs

197

Un cheval dort-il debout ou couché?

➤➤ Un cheval dort souvent debout, surtout dans son écurie. Mais, dans les champs, s'il a assez de place pour s'allonger et si le sol lui semble confortable, il n'hésitera pas à se coucher pour se reposer. Sauf si c'est un énorme cheval de labour qui pourrait avoir du mal à se relever.

198

Pourquoi les vaches ont toujours l'air de mâcher?

➤➤ Quand elles broutent, les vaches avalent l'herbe en vitesse. Ensuite, elles la font revenir dans leur bouche pour bien la mâcher et la digérer: on dit qu'elles ruminent.

199

Quelle est la différence entre un taureau et un bœuf?

➤➤ Un taureau est élevé pour la reproduction: sa mission, c'est de faire des petits veaux aux vaches. Un bœuf ne peut pas faire de veaux. Il est élevé uniquement pour faire de la viande.

Est-ce qu'on tond tous les moutons?

200

➤ Non, pas tous. Certains moutons sont élevés pour leur viande et d'autres pour leur laine. Les brebis sont élevées pour leur lait. On tond les moutons une fois par an, avant l'été.

C'est vrai que le rouge énerve les taureaux?

201

➤ Les taureaux sont des animaux très nerveux. Mais, comme beaucoup d'animaux, ils ne reconnaissent pas les couleurs. Par contre, les mouvements brusques que l'on fait devant eux peuvent très bien les mettre en colère.

C'est vrai!
L'anneau que certains taureaux ont dans leurs naseaux sert à attacher une corde pour les faire avancer. S'il ne veut pas souffrir, le taureau n'a pas d'autre solution que d'obéir!

ANIMAUX D'ICI

À la ferme

202

Est-ce qu'un cheval a mal quand on lui met des fers?

➤➤ Les sabots des chevaux sont en corne, une matière qui ressemble à nos ongles. Le cheval n'a donc pas mal quand on lui met des fers, pas plus que nous quand on nous coupe les ongles!

203

Pourquoi le coq chante si tôt le matin?

➤➤ Cocorico! Dès le lever du soleil, le coq se met à chanter pour faire savoir aux autres qu'il est là et qu'il est bien le chef de la basse cour!

Pourquoi les cochons sont souvent sales?

➡ Les cochons ont besoin de se rouler dans la boue pour éliminer les petites bêtes qui les démangent: c'est une manière de se soigner! Dans les élevages, il n'y a pas de boue par terre et les cochons couchent souvent dans leurs saletés parce qu'il n'y a pas de place.

204

Combien de litres de lait donne une vache quand on la trait?

➡ Les vaches sont traites le matin et le soir, tous les jours de l'année.

Il n'y a pas de jours de congé, ni de dimanche, pour les vaches! Une vache laitière donne environ 18 litres de lait, chaque fois qu'on la trait.

205

C'est vrai!
Les génisses sont de jeunes vaches, qui n'ont pas encore eu de petit veau, donc qui ne produisent pas encore de lait. Car seules les vaches qui ont déjà eu un veau peuvent avoir du lait.

Là-haut sur la montagne

208

206

Que font les troupeaux quand il n'y a plus d'herbe à brouter?

➤ Avant les premières neiges, on redescend les vaches et les moutons dans les étables de la vallée. C'est ce qu'on appelle la transhumance. On leur donne du foin: de l'herbe séchée. On les conduit de nouveau dans les pâturages des alpages à la fin du printemps.

Il y a des oiseaux au sommet des montagnes?

➤ Près des restaurants d'altitude, dans les stations de sports d'hiver, on voit souvent de gros oiseaux noirs qui ressemblent à des corbeaux. Ce sont des choucas. Ils nichent dans les rochers et ils se nourrissent de détritus.

207

Que font les marmottes en hiver?

➤ L'été, on les voit s'ébattre en groupes près de l'entrée de leurs terriers, passant leurs journées au soleil, se gavant d'herbe tendre. L'hiver, si on ne les voit plus, c'est qu'elles hibernent: elles s'installent ensemble au fond de leur terrier, le ferment… et dorment au chaud pendant six mois.

Jusqu'où les aigles peuvent-ils voler?

➡ L'aigle royal, qui fait son nid à plus de 2 000 m d'altitude, plane sans effort au-dessus des sommets, guettant ses proies avec ses yeux perçants. La légende raconte que l'aigle royal vole si près du soleil, qu'il n'a pas peur de le regarder en face!

209

Quels sont les animaux capables d'escalader les montagnes?

➡ Les chamois et les bouquetins sont de vrais alpinistes. Ils peuvent grimper sur des rochers en pente, se tenir en équilibre sur des pointes rocheuses et dévaler sans glisser des pentes raides à toute vitesse, tête la première! Les yacks de l'Himalaya et les mouflons d'Amérique sont aussi de très bons montagnards.

C'est vrai!
Les sabots des chamois ont une petite membrane élastique qui les transforme en mini-raquettes très pratiques pour escalader les pentes enneigées sans déraper!

210

ANIMAUX D'ICI

Dans la forêt

211

Pourquoi on dit que le renard est rusé?

➦ Le renard sait être malin, surtout s'il a faim! Il fait le mort, il ne bouge plus, pour laisser s'approcher un oiseau qu'il a bien envie de croquer. Et pour ne pas se fatiguer, il s'installe volontiers dans un terrier déjà creusé par un autre animal!

212

On peut vraiment connaître l'âge d'un cerf d'après ses bois?

➦ Les cerfs ont des cornes appelées «bois» qui poussent toute leur vie. Chaque année, leurs bois tombent et quelques mois plus tard, des bois plus grands les remplacent. Plus un cerf est vieux, plus ses bois ont de branches!

213

Comment font les écureuils pour grimper si haut?

➦ Les écureuils sont très agiles: quand ils ont peur, en quelques secondes ils sont en haut des arbres!

Leurs griffes pointues leur permettent de grimper tout droit sur le'tronc. Et leur queue touffue leur sert de parachute pour sauter de branche en branche.

Est-ce que les sangliers attaquent les hommes?

➡ Presque jamais, sauf si un chasseur se trouve juste sur le passage d'un vieux mâle solitaire, ou si une maman sanglier croit qu'on veut faire du mal à ses petits marcassins.

214

Comment font les chouettes pour voler dans le noir?

➡ Avec leurs gros yeux ronds, les chouettes voient très bien dans le noir. En plus, elles ont l'oreille fine : elles repèrent les moindres petits bruits, elles reconnaissent ce que c'est et savent comment réagir.

215

C'est vrai!
Avec leur jolie couleur dorée et les très longues plumes de leur queue, les faisans mâles sont bien plus beaux que leurs femelles. C'est la même chose chez beaucoup d'oiseaux!

ANIMAUX D'ICI

Dans la savane

216

Les zèbres ont-ils tous les mêmes rayures?

➤➤ Non, chaque animal a ses propres rayures: elles sont différentes d'un zèbre à l'autre. Elles leur servent à se reconnaître entre eux. Et chaque espèce de zèbre a ses propres rayures aussi: fines ou épaisses, très foncées ou plus claires…

217

Est-ce parce qu'ils sont vieux que les éléphants ont la peau ridée?

➤➤ Pas du tout! Qu'ils aient un an ou soixante ans, les éléphants ont tous une peau épaisse et ridée. Elle est aussi pratiquement dépourvue de poils, ce qui est rare pour un mammifère.

218

C'est vrai que la girafe est le plus grand animal du monde?

➤➤ Oui. Grâce à son long cou, la girafe est aussi haute qu'une maison de deux étages!

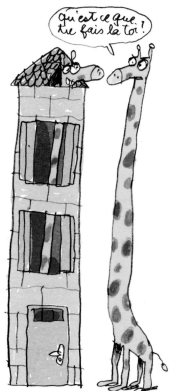

Qu'est ce que tu fais la toi!

C'est pratique pour voir de loin, mais aussi pour se régaler des feuilles situées en haut des acacias … que les autres animaux ne peuvent pas atteindre.

Pourquoi les hippopotames baillent tout le temps?

➤➤ Ils ne baillent pas! Un hippopotame qui ouvre grand sa gueule en poussant des grognements cherche à montrer aux autres mâles du groupe qu'il est le plus fort.

219

Est-ce que les rhinocéros sont dangereux?

➤➤ Les rhinocéros voient très mal car leurs yeux sont tout petits et situés sur le côté de la tête. Dès qu'ils sentent quelque chose de bizarre qui les inquiète, ils préfèrent attaquer en chargeant la tête baissée, même s'ils ne sont pas vraiment menacés.

220

C'est vrai!
Les bébés éléphants pèsent plus de 100 kg à leur naissance et ils n'ont pas de défenses. Elles commencent à pousser vers deux ans et grandissent toute leur vie, chez les mâles comme chez les femelles.

ANIMAUX D'AILLEURS

Les félins

221

Pourquoi on dit que le lion est le « roi des animaux » ?

➡ Le lion est le plus grand carnivore de la savane africaine. Le mâle a bien l'air d'un roi avec sa crinière majestueuse, ses 250 kg de muscles, ses crocs pointus comme des poignards et ses rugissements terrifiants !

222

C'est vrai que le lion dort tout le temps ?

➡ Le lion se repose environ vingt heures par jour à l'abri du soleil. Il digère tranquillement les kilos de viande qu'il a avalés, ou il somnole en surveillant ses lionceaux tandis que ses lionnes sont parties chasser.

Pourquoi les félins ont des pelages si différents?

223

➤➤ Parce qu'ils ne vivent pas tous au même endroit. Avec ses taches, le léopard peut dormir tranquille dans un arbre, dissimulé dans les ombres du feuillage. Avec ses rayures, le tigre peut se camoufler plus facilement dans la jungle pour attaquer par surprise. Avec leur pelage de couleur fauve, les lionnes en chasse passent mieux inaperçues dans les herbes sèches de la savane.

Est-ce que le guépard est vraiment le plus rapide de tous les mammifères?

224

➤➤ Oui, un guépard lancé à la poursuite d'une gazelle peut aller aussi vite qu'une voiture: il fait des pointes à plus de 100 km/h! Mais il s'essouffle vite: s'il n'a pas réussi à atteindre sa proie au bout d'une minute, il doit abandonner.

C'est vrai!
Le tigre de Sibérie peut peser jusqu'à 300 kg. C'est le plus gros des félins. Il est aussi long qu'une voiture du bout de son museau à l'extrémité de sa queue!

ANIMAUX
D'AILLEURS

Les singes

225

Pourquoi les singes passent autant de temps à se nettoyer entre eux?

➤ Les singes vivent en bandes. Se retirer les poux, les brindilles de la fourrure, c'est aussi un moyen d'avoir un contact physique, de sentir qu'ils font partie de la même famille, un peu comme s'ils se faisaient un câlin!

226

Pourquoi les singes font autant de grimaces?

➤ Ce n'est pas pour rigoler qu'ils font des grimaces! C'est pour communiquer entre eux. Quand ils montrent leurs dents ou retroussent leurs babines, c'est pour montrer qu'ils sont inquiets ou en colère ou qu'ils veulent se faire obéir par les autres singes du groupe.

227

Est-ce que tous les singes ont une queue?

➤ La plupart des singes qui vivent dans les arbres ont une queue: elle leur sert de balancier pour ne pas tomber, ou de cinquième main pour se cramponner aux branches. Les singes qui vivent au sol ont rarement une queue.

Est-ce que tous les singes vivent dans les arbres?

➥ Non, pas tous. Certains singes, comme les grands gibbons et les orangs-outangs d'Asie ne descendent jamais des arbres. D'autres, comme les babouins d'Afrique, y grimpent seulement en cas de danger. D'autres encore, comme les mandrills et les gorilles n'y montent presque jamais.

228

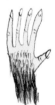

Pourquoi les singes ont des pieds en forme de mains?

➥ Si leurs pieds ont un pouce situé un peu sur le côté, c'est pour bien s'agripper aux branches des arbres ou saisir les choses aussi bien qu'avec leurs mains. La plupart des singes n'ont pas de griffes comme les autres animaux: ils ont des ongles, comme les humains!

229

C'est vrai!
Le chimpanzé est le singe qui ressemble le plus à l'homme. Le cerveau des singes est plus développé que celui des autres mammifères. On dit que le chimpanzé est le plus intelligent de tous les singes: il utilise plus de vingt sons différents pour communiquer et il sait se servir d'outils rudimentaires.

ANIMAUX D'AILLEURS

Les animaux qui font peur

230

Est-ce qu'un crocodile peut manger un homme?

➡ Hélas oui! Un homme qui s'approcherait trop près d'un crocodile affamé risque de se faire croquer! Le plus dangereux de tous est le crocodile de mer, une bête de 5 m de long qui fait des victimes chaque année en Asie et en Australie.

231

Est-ce que les loups mangent les petits enfants?

➡ S'ils mangent les petits enfants, c'est dans les histoires qu'on raconte pour faire peur. Les loups préfèrent les lapins, les brebis ou les moutons! On peut se promener aujourd'hui dans les forêts sans danger, il n'y a aucune chance d'y croiser un loup.

Est-ce que les araignées sont dangereuses?

➤➤ La plupart des araignées ont du venin dont elles se servent pour paralyser leurs proies en les mordant. Mais assez peu d'araignées peuvent faire mal à l'homme.

L'une des plus dangereuses est la tarentule mexicaine, une sorte de mygale à pattes rouges…

Est-ce qu'un scorpion peut tuer un homme?

➤➤ Rarement, heureusement. Seuls les très gros scorpions ont une piqûre venimeuse. Les scorpions noirs du désert sont les seuls qui peuvent tuer un homme en le piquant avec le dard situé à l'extrémité de leur queue.

233

Et les serpents?

➤➤ Les couleuvres peuvent mordre, mais elles ne sont pas dangereuses. Les serpents à venin comme les vipères, les serpents à sonnette ou les cobras le sont! Ainsi que les serpents qui tuent leurs proies en les étouffant comme le python, l'anaconda et le boa.

234

C'est vrai!
Chaque année, les serpents changent de peau: on dit qu'ils muent. Ils se débarrassent de leur vieille peau en se frottant contre un rocher et une nouvelle peau apparaît dessous!

ANIMAUX D'AILLEURS

Sur la banquise

235 **Est-ce que les ours de la banquise ont froid dans l'eau glacée ?**

➡ Protégés par leur peau couverte de fourrure et, surtout, par une épaisse couche de graisse sous la peau, les ours ne craignent pas de nager dans l'eau glacée. Surtout s'il s'agit d'attraper un phoque !

236 **Est-ce que les phoques sont tous pareils ?**

➡ Il existe une vingtaine d'espèces de phoques. La plupart vivent dans les régions polaires, mais pas seulement. Il y a des petits phoques en Méditerranée ! Le plus grand de tous est l'éléphant de mer. Il mesure plus de 6 m de long et pèse 3 ou 4 tonnes ! Son nez ressemble à une trompe.

Quelle différence il y a entre un manchot et un pingouin?

➡ Ils appartiennent à la même famille d'oiseaux, ils se ressemblent, mais les manchots vivent près du pôle Sud alors que les pingouins vivent dans l'hémisphère Nord. Les plus connus sont les manchots, incapables de voler mais excellents nageurs!

Est-ce que les otaries sont les femelles des phoques?

➡ Pas du tout!
Les phoques et les otaries sont deux animaux différents, même s'ils sont de la même famille.
Les otaries ont de petites oreilles et s'appuient sur leurs nageoires.
Les phoques n'ont pas d'oreilles visibles et ils rampent sur le sol.

C'est vrai!
Les morses ont deux longues dents qui leur servent parfois à se battre, à se hisser sur la glace, comme avec des piolets, quand ils sortent de l'eau; ou encore à fouiller la vase pour trouver de la nourriture.

ANIMAUX D'AILLEURS

Drôles de bêtes!

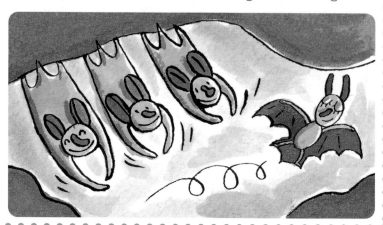

Est-ce que les chauves-souris sont des oiseaux?

239

➡ Non, ce sont des mammifères, les seuls capables de voler comme des oiseaux. Leurs ailes n'ont pas de plumes: elles sont en peau et relient leur corps à l'extrémité de leurs doigts très allongés.

Pourquoi le caméléon change de couleur?

➡ La couleur du caméléon peut devenir semblable à celle de l'endroit où il se trouve.

C'est un bon moyen pour se cacher! Lorsqu'il est en colère, il devient marron rouge.

Pourquoi les mamans kangourous portent leur bébé sur le ventre?

240

➡ Les bébés kangourous sont si minuscules à leur naissance qu'ils doivent continuer de grandir pendant six mois dans la poche que leur maman a sur le ventre. Et tant que la place n'est pas prise par un nouveau bébé, le petit kangourou y retourne à la moindre alerte.

Est-ce que les dragons existent?

➡ Ils n'existent que dans les histoires. Pourtant certains grands reptiles comme les iguanes ou les varans ressemblent à de petits dragons même s'ils ne crachent pas de feu!

242

Comment le dromadaire arrive à vivre dans le désert?

➡ Le dromadaire peut rester 15 jours sans boire ni manger! Il supporte très bien la chaleur, il peut fermer ses naseaux en cas de tempête de sable, son corps est capable de stocker une grande quantité d'eau, sa bosse contient une réserve de graisse et il peut marcher longtemps dans le sable sans s'enfoncer.

243

C'est vrai!
L'ornithorynque est le champion des animaux bizarres. C'est un mammifère, mais il pond des œufs. Il a un bec et des pieds palmés comme un canard. Et sa queue ressemble à celle du castor!

ANIMAUX D'AILLEURS

Les dauphins

244

Pourquoi on dit que les dauphins sont intelligents?

➼ D'abord, parce qu'on peut leur apprendre plein de choses! Ce sont aussi des animaux sociables: ils nagent en groupe, jouent et communiquent en faisant différents sons. Ils sont même capables de s'entraider quand l'un d'eux est malade ou blessé.

245

Est-ce qu'on peut vraiment jouer avec les dauphins?

➼ Les dauphins sont joueurs et inoffensifs: ils ne veulent pas de mal aux hommes. On peut les dresser assez facilement. En mer, il leur arrive souvent de suivre un bateau, de jouer à cache-cache sous sa coque et de bondir derrière lui.

C'est vrai!
Les orques sont noires et blanches. De la même famille que les dauphins, elles sont plus grosses et plus voraces. Elles s'attaquent aux phoques, aux manchots et parfois même aux baleines!

246

Pourquoi les dauphins sautent hors de l'eau?

➼ C'est souvent pour jouer! Les dauphins sont des mammifères marins, ils ne peuvent donc pas respirer dans l'eau comme les poissons. Ils remontent à la surface pour respirer et en profitent parfois pour faire des bonds de 4 m de haut!

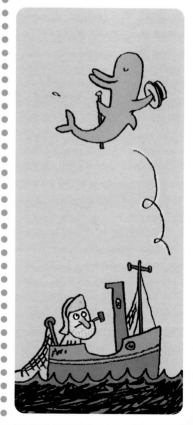

114

Les baleines

Quelle est la plus grosse baleine?

➤➤ C'est la baleine bleue, le plus gros mammifère du monde! Adulte, elle peut mesurer 30 m de long! Pourtant, elle ne mange que des animaux minuscules. Si elle n'est pas chassée, elle peut vivre plus de 50 ans.

247

Pourquoi les baleines font de grands jets d'eau?

248

➤➤ Les baleines peuvent plonger une demi-heure en bloquant leur respiration, mais elles sont obligées de remonter pour respirer. C'est l'air, mélangé d'eau, qu'elles soufflent en revenant à la surface qui provoque ce jet impressionnant.

C'est vrai que les baleines chantent?

➤➤ Elles ne chantent pas de chansons, mais elles émettent une gamme de sons très variés. On pense que c'est pour communiquer entre elles, mais aussi pour s'orienter, repérer les obstacles au fond de l'eau et trouver leur nourriture.

249

C'est vrai!
Les baleines n'ont pas de dents dans leur énorme bouche mais des fanons qui ressemblent à un peigne et qui retiennent la nourriture. Les cachalots, eux, ont des dents et ils se nourrissent surtout de calmars.

Les poissons

 250

Un poisson de rivière peut vivre dans la mer?

➤ Non, il en mourrait!
Les poissons sont incapables de passer
de l'eau douce à l'eau salée, sauf
les anguilles, les saumons ou
les esturgeons. Ces poissons passent
d'un fleuve à la mer, ou le contraire,
pour pondre leurs œufs.

251

Tous les poissons ont des nageoires?

➤ Oui, mais elles ne se
ressemblent pas toutes.
Celles de la raie manta ressemblent
à des ailes. L'anguille en a une longue
sur le dos, pour onduler comme
un serpent. Et l'exocet (le poisson
volant) déplie les siennes pour voler
comme un oiseau au-dessus de l'eau!

 252

Est-ce que les poissons entendent?

➤ Oui, et pourtant ils n'ont
pas d'oreilles! Ils captent
les bruits et les vibrations,
grâce à une sorte d'oreille interne, mais
aussi grâce une ligne sensible située de
chaque côté de leur corps. Ils peuvent
ainsi s'éloigner des bateaux à moteur
ou des pêcheurs pas assez discrets…

Quels poissons nagent le plus vite?

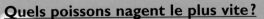 Certains poissons peuvent nager vigoureusement comme le thon et l'espadon. Mais le plus rapide, c'est le voilier, un poisson de 3 m de long avec une nageoire en forme de voile. Il fait des bonds à 100 km/h hors de l'eau!

216

Comment font les poissons pour respirer dans l'eau?

➡ Les poissons ont besoin d'oxygène pour vivre. Heureusement il y en a dans l'eau. Pour respirer, ils n'ont pas de poumons, mais des branchies, dans des fentes situées de chaque côté de leur tête, qui peuvent filtrer l'oxygène contenu dans l'eau qu'ils avalent.

C'est vrai!
Le piranha est un poisson affreusement féroce.
Il est tout petit, mais il a des dents très pointues et il attaque toujours en groupe: en quelques minutes, un banc de piranhas peut dévorer entièrement un animal… ou un homme!

Au fond de la mer

255

C'est vrai que les coraux sont des animaux?

➡ Oui, même s'ils ressemblent à de jolies branches rouges ou blanches, les coraux ne sont pas des plantes. Ce sont les carapaces d'animaux très bizarres qui vivent dans les mers chaudes. Ces animaux sont constitués de minuscules tubes, les polypes, munis de tentacules avec lesquelles ils attrapent leurs proies.

256

Les éponges poussent vraiment sous l'eau?

➡ Les éponges sont des animaux très spéciaux. Elles restent toute leur vie fixées sans bouger sur un rocher, au fond des mers chaudes. Et pour se nourrir, elles absorbent par leurs trous les minuscules débris d'animaux ou d'algues qui flottent autour d'elles.

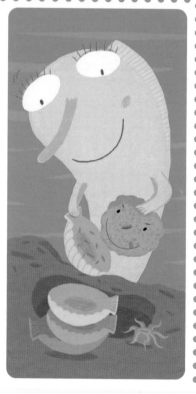

Est-ce que l'hippocampe est un poisson?

➡ Oui! Mais c'est un drôle de petit poisson, qui se déplace et se repose toujours en position debout.

Autre chose bizarre: c'est le mâle et non la femelle qui porte les petits dans une poche sur son ventre!

Que mangent les étoiles de mer?

➡ Elles adorent les crevettes et les coquillages. Quand une étoile de mer a trouvé un coquillage, elle se pose sur lui, entrouvre sa coquille en tirant de toutes ses forces avec ses bras… et introduit son estomac dedans pour le dévorer!

258

À quoi servent les ventouses des pieuvres?

➡ Grâce à leurs ventouses, les pieuvres peuvent ramper sur le fond de la mer, se cramponner aux rochers et aussi empêcher leurs proies de s'échapper. Sans ces ventouses, leurs huit tentacules seraient bien trop glissantes.

259

C'est vrai!
Dans les grands fonds marins, là où il fait complètement noir, certains poissons et d'autres animaux ont des écailles ou des organes lumineux qui leur permettent de se reconnaître entre eux. Ils brillent comme des lucioles!

ANIMAUX DE LA MER

Les requins

260

Est-ce que tous les requins sont dangereux?

➤➤ Il existe plus de 350 espèces de requins. Quelques espèces sont féroces, mais la plupart sont inoffensives. Le lucifer, le plus petit, mesure 20 cm. Le requin baleine, le plus grand poisson du monde, mesure 15 m, pourtant il n'est pas dangereux. Les plus redoutables sont le grand requin blanc, le requin-tigre, qui mange tout ce qu'il trouve (même les vieilles boîtes de conserve!), le requin bleu, le requin-marteau…

261

Est-ce que le requin a des ennemis?

➤➤ Pas vraiment. Excepté les dauphins qui les attaquent parfois et les hommes qui les chassent ou les pêchent.

C'est vrai que si un requin arrête de nager, il coule?

➤ Oui, car les requins et les raies sont dépourvus de l'organe qui permet à tous les autres poissons de rester immobiles sans nager. Les requins sont donc obligés de bouger sans arrêt, sinon ils coulent!

262

Les requins ont-ils tous de grandes dents?

➤ Seuls les requins prédateurs, qui ont besoin de déchiqueter ou de broyer leurs proies, ont des grandes dents pointues et très coupantes. Certains, comme le grand requin blanc, en ont plusieurs centaines, réparties sur plusieurs rangées.

263

C'est vrai!
Pendant toute sa vie, à chaque fois qu'un requin perd une dent en la cassant sur une proie très dure, une nouvelle dent la remplace bientôt!

ANIMAUX DE LA MER

Les oiseaux

Est-ce que tous les oiseaux ont des plumes?

264 ➤➤ Oui. Les plumes sont l'une des caractéristiques des oiseaux, avec leur bec sans dents et leurs œufs. Elles ont plusieurs avantages : dépliées, elles augmentent considérablement la surface des ailes, elles sont aussi légères, orientables et imperméables.

Est-ce que tous les oiseaux savent voler?

265 ➤➤ Pas tous! L'autruche et l'émeu, par exemple, sont incapables de voler mais ce sont des champions de la course à pied. Le manchot ne vole pas, mais il nage comme un poisson. La poule volète : elle décolle seulement du sol de quelques centimètres!

Est-ce que tous les oiseaux construisent des nids?

➤➤ Tous les oiseaux ont besoin d'un endroit pour pondre leurs œufs, mais ils ne fabriquent pas tous un nid. Certains oiseaux de mer creusent des trous dans le sable.

Quant à la femelle coucou, elle ne se gène pas pour pondre dans le nid d'un autre oiseau!

Pourquoi certains oiseaux battent des ailes et d'autres non?

➤ La plupart des oiseaux sont obligés de battre des ailes en permanence pour rester en l'air et voler. Ceux qui volent très haut, comme les rapaces, pratiquent aussi le vol plané: ils profitent des courants d'air invisibles pour planer, leurs grandes ailes écartées.

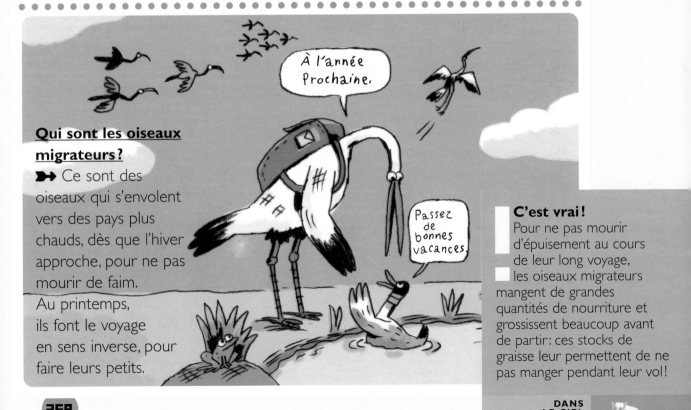

Qui sont les oiseaux migrateurs?

➤ Ce sont des oiseaux qui s'envolent vers des pays plus chauds, dès que l'hiver approche, pour ne pas mourir de faim. Au printemps, ils font le voyage en sens inverse, pour faire leurs petits.

C'est vrai!
Pour ne pas mourir d'épuisement au cours de leur long voyage, les oiseaux migrateurs mangent de grandes quantités de nourriture et grossissent beaucoup avant de partir: ces stocks de graisse leur permettent de ne pas manger pendant leur vol!

Des oiseaux extraordinaires

269

Quel est le plus petit oiseau du monde?

➼ C'est le colibri, qu'on appelle aussi oiseau-mouche. Il se nourrit de nectar de fleurs et il pond deux œufs pas plus gros que des petits pois! Il bat des ailes à toute vitesse et il est capable de faire du surplace ou de voler à plus de 50 km/heure…

270

Est-ce que les perroquets parlent vraiment?

➼ On dit toujours que les perroquets parlent. En fait, ils sont simplement capables d'imiter quelques mots ou quelques phrases. Le jaco, un gros perroquet gris à la queue rouge, est l'un des plus doués à ce jeu: il peut même imiter le grognement d'un chien!

271

Pourquoi certains oiseaux ont des becs énormes?

➼ Gros, crochu ou pointu, chaque bec a une fonction. Le toucan se sert du sien pour cueillir les fruits. Le perroquet l'utilise comme une troisième patte pour s'accrocher aux branches. Celui du pélican, avec sa poche élastique, fait office de garde-manger.

Est-ce que des oiseaux peuvent traverser les mers?

➡ Tous n'en sont pas capables, mais l'albatros, le plus grand des oiseaux marins, peut le faire. Grâce à ses ailes immenses, il peut survoler les océans pendant des milliers de kilomètres, passant plusieurs mois en mer, sans poser une patte sur la côte! Mais en se posant de temps en temps sur l'eau.

À bâbord toute!

272

Est-ce que les flamants roses sont vraiment roses?

➡ Les flamants vivent en colonie au bord des lacs. Certains sont roses très clairs, d'autres roses foncés, d'autres encore presque rouges! Tout dépend de la quantité de colorant rose contenu dans les petits animaux semblables à des crevettes dont ils se nourrissent.

273

C'est vrai!
L'autruche, le plus gros oiseau du monde, pond un œuf gros comme 25 œufs de poule. Sa coquille est si solide que le poussin d'autruche peut mettre 2 jours à la casser pour sortir!

DANS LE CIEL

Pourquoi, en hiver, il fait moins chaud qu'en été ?

Pourquoi on dit que la planète se réchauffe ?

Pourquoi les orages sont dangereux ?

Pourquoi le ciel est bleu ?

Pourquoi on appelle Mars : la Planète rouge ?

Pourquoi la météo se trompe parfois ?

Pourquoi les étoiles clignotent ?

La Terre dans l'Univers

Questions 274 à 310

L'Univers et les planètes

274

C'est quoi le Big Bang?

➡ Il y a 15 milliards d'années, l'Univers que nous connaissons n'existait pas. On pense qu'il s'est produit alors une immense explosion qui serait à l'origine de la formation des étoiles et des planètes. Les scientifiques l'appellent le Big Bang.

275

C'est quoi une planète?

➡ Une planète, c'est un astre qui tourne autour d'une étoile. La Terre est une planète, et l'étoile autour de laquelle elle tourne, c'est le Soleil! Il y a huit autres planètes qui tournent, comme la Terre, autour du Soleil. C'est ce qu'on appelle le système solaire.

Est-ce que les planètes sont toutes pareilles ?

➡ Pas du tout ! Mercure, Vénus et Mars ont presque la même taille que la Terre et leur sol est, comme celui de la Terre, constitué de roches, alors que les autres planètes sont de grosses boules de gaz. Saturne est entourée d'anneaux brillants, et Jupiter est la planète la plus grosse : son diamètre fait onze fois celui de la Terre !

276

Est-ce qu'il y a d'autres planètes habitées ?

➡ Les Martiens, E.T. et les monstres de l'espace n'existent que dans les histoires ou les films ! Pourtant il y a tellement de planètes dans l'Univers qu'il n'est pas impossible que certaines abritent des êtres vivants.

277

Pourquoi on appelle Mars : la Planète rouge ?

➡ Quand on l'observe avec un puissant télescope, la planète Mars a vraiment une belle couleur rouille. Cela vient de la composition de son sol : il y a beaucoup de fer dedans.

C'est vrai !
La Terre bouge à toute vitesse, mais on ne s'en aperçoit pas. Elle tourne autour du Soleil à… 108 000 km/heure : en une seconde, elle parcourt près de 30 km !

278

LA VIE DE NOTRE PLANÈTE

Le jour et le soleil

279 ➤ **Est-ce que le Soleil est gros?**

➤➤ Le Soleil est énorme! C'est pour cela qu'on le voit bien alors qu'il se trouve à 150 millions de km de nous. Il est 300 000 fois plus lourd que la Terre. Mais il existe dans le ciel des étoiles bien plus grosses que lui!

280 **Pourquoi le Soleil brille?**

➤➤ Comme les autres étoiles, le Soleil est une boule de gaz brûlant. Sa surface ressemble à un gigantesque incendie qui dégage une température d'environ 6 000 degrés! Cette fournaise envoie sur la Terre une lumière jaune éblouissante qu'il ne faut pas regarder en face.

281

 Et pourquoi le ciel est bleu?

➤➤ En fait la lumière du Soleil est composée des sept couleurs, les couleurs de l'arc-en-ciel.

Mais quand la lumière du Soleil traverse l'atmosphère qui entoure la Terre, elle rencontre dans l'air des petites molécules qui diffusent surtout la couleur bleue.

Pourquoi le Soleil se lève d'un côté et se couche de l'autre?

➡➡ Contrairement aux apparences, le Soleil ne bouge pas de la journée! C'est la Terre, en tournant sur elle-même un peu comme une toupie, qui fait apparaître le Soleil chaque matin d'un côté, et qui le fait disparaître chaque soir de l'autre côté!

282

Est-ce qu'un jour le Soleil ne brillera plus?

➡➡ Sans le Soleil, il n'y aurait pas de vie sur terre: les plantes, les animaux et les hommes ne pourraient pas exister. Heureusement, les astronomes prévoient qu'il devrait encore briller cinq milliards d'années. Ensuite seulement, il s'éteindra lentement…

283

C'est vrai!
Le Soleil est 400 fois plus gros que la Lune. Mais comme il est aussi 400 fois plus loin, on a l'impression qu'ils ont presque la même taille.

LA VIE DE NOTRE PLANÈTE

La nuit, les étoiles et la Lune

284

Où vont les étoiles pendant la journée?

➡ On ne les voit pas, mais elles sont toujours là et toujours aussi nombreuses! C'est seulement la lumière très forte du Soleil illuminant la Terre qui nous empêche de les voir. Le soir, dès que le Soleil commence à faiblir, on les voit à nouveau.

285

Qu'est-ce qu'une étoile filante?

➡ En fait, ce n'est pas une étoile. C'est un petit morceau de roche venant de l'espace qui s'enflamme et qui se désagrège en s'approchant à toute vitesse de la Terre.

286

Pourquoi les étoiles clignotent?

➡ Elles ne clignotent pas vraiment, c'est juste une impression. Pour arriver jusqu'à nous, la lumière d'une étoile doit traverser la couche d'air qui entoure la Terre. Toutes sortes de phénomènes peuvent perturber son trajet, provoquant ces petits scintillements.

Pourquoi la Lune change de forme?

➡➡ La Lune ne change pas de forme: elle est toujours ronde. Mais, de la Terre, on ne la voit que quand le soleil l'éclaire. Comme la Lune tourne avec la Terre autour du Soleil, elle n'est pas toujours éclairée de la même façon: tantôt en forme de croissant, tantôt toute entière les soirs de pleine lune. Parfois même on ne la voit plus du tout quand le Soleil n'éclaire plus son côté visible de la Terre.

Pourquoi la nuit, il fait tout noir?

➡➡ C'est parce que le Soleil n'est plus là pour nous éclairer et que les autres étoiles sont trop loin pour nous permettre de voir clair.
Les soirs de pleine lune, il fait un peu moins noir: complètement éclairée par le Soleil, la Lune éclaircit le ciel avec sa lumière brillante.

C'est vrai!
C'est toujours le même côté de la Lune qu'on voit depuis la Terre, avec ses ronds plus sombres qui sont de gigantesques cratères. Seuls les astronautes ont vu à quoi la Lune ressemble de l'autre côté!

287

288

LA VIE DE NOTRE PLANÈTE

Le temps qu'il fait

 289

Pourquoi la météo se trompe parfois?

➡ La météo est généralement très précise d'un jour à l'autre, mais les prévisions plus lointaines sont plus difficiles. Et puis le temps est parfois bien capricieux. Le ciel est le plus fort, il nous joue des tours que les analyses scientifiques ne peuvent pas prévoir. Parfois ce sont de bonnes surprises, parfois on est un peu déçu.

 290

Pourquoi le temps n'est pas le même partout?

➡ Cela dépend de nombreux éléments, comme la position d'une région sur la Terre par rapport au Soleil, son relief, sa proximité avec la mer, s'il y a des forêts… C'est pour cela qu'au nord et au sud d'un même pays, la température, le vent et l'ensoleillement varient!

Pourquoi on n'a pas le même temps tous les jours?

➤➤ Quand on décrit le temps qu'il fait, on décrit l'état de l'air à un moment donné dans un endroit précis. Mais comme l'air se déplace et fait bouger les nuages, le temps peut changer rapidement!

Qui prévoit le temps?

➤➤ Ce sont les météorologues, des scientifiques dont c'est le métier. Ils se servent d'instruments de mesure, ils sont en contact avec les stations météo du monde entier et avec des bateaux; ils reçoivent des informations et des photos prises par des satellites.

C'est vrai!
Autrefois, à la campagne, on observait la nature pour savoir le temps qu'il allait faire. On disait: si les hirondelles volent bas il va pleuvoir, si les araignées tissent leur toile il va faire beau, si un cheval gratte le sol avec ses sabots, un orage approche…

SUR LA TERRE

Les saisons

293

Pourquoi il y a des saisons ?

➤ La Terre met un an pour tourner autour du Soleil. Mais comme la Terre tourne un peu penchée sur le côté, les rayons du Soleil l'atteignent plus ou moins de biais selon les endroits de la Terre et les moments de l'année et il fait plus ou moins beau.

Est-ce que les saisons sont les mêmes partout?

➤ Pas du tout. Aux pôles, il fait toujours froid, et à l'équateur toujours chaud! Et de part et d'autre de l'équateur, cette ligne imaginaire qui divise la Terre en deux moitiés, les saisons sont inversées: quand c'est l'hiver en France, c'est l'été en Australie.

294

Pourquoi, en hiver, il fait moins chaud qu'en été?

➤ D'abord parce que les journées sont plus courtes, donc les rayons du soleil n'ont pas le temps de bien réchauffer la Terre. Ensuite, parce qu'en hiver, la position de la Terre par rapport au Soleil fait que ses rayons arrivent bien plus en biais qu'en été: ils sont moins efficaces!

295

C'est vrai!
La température n'est vraiment pas la même partout: en Afrique, dans le désert de Libye, il peut faire + 50 °C. Dans l'Antarctique, près du pôle Sud, l'endroit le plus froid de la planète, le thermomètre peut descendre jusqu'à − 80 °C!

SUR LA TERRE

Quand il ne fait pas beau...

Pourquoi les orages sont dangereux ?

➠ Dans les orages, ce n'est pas le tonnerre qui est dangereux, même si son grondement est parfois terrifiant. Ce sont les éclairs qui sont dangereux car ils contiennent de très importantes quantités d'électricité !

296

Pourquoi il ne faut pas se mettre sous un arbre pendant un orage ?

➠ Pendant un orage, l'électricité des nuages est attirée par celle de la Terre. Pour l'atteindre plus facilement, elle va chercher à passer par ce qui dépasse le plus du sol. Et à la campagne, il n'y a pas mieux que les arbres !

297

Pourquoi on voit d'abord l'éclair, avant d'entendre le tonnerre ?

➠ L'éclair et le coup de tonnerre ont lieu exactement en même temps. Mais on voit d'abord l'éclair car la lumière voyage dans l'air plus vite que le son.

Plus un orage est près de nous, plus leur voyage est court, et plus l'éclair et le tonnerre sont rapprochés.

Pourquoi il y a parfois des tempêtes?

➤ En temps normal, de l'air chaud et de l'air froid se déplacent autour de la Terre sous la forme de vent, que parfois on ne sent même pas. Mais quand cet air froid et cet air chaud se rencontrent brusquement, le vent se lève en tourbillonnant, c'est la tempête!

À quoi ressemblent les plus grosses tempêtes?

➤ Un typhon, appelé aussi cyclone ou ouragan, est une énorme tempête avec de la pluie et des vents de plus de 300 km/h! Une tornade est un tourbillon de vent géant qui détruit tout sur son passage. Un raz de marée est une vague gigantesque qui vient se briser sur la côte…

C'est vrai!
L'ouragan Mitch est un ouragan dont on se souviendra longtemps: il était si violent qu'il a détruit en une semaine plus de 90 000 maisons!

SUR LA TERRE

Quelles catastrophes!

301

Pourquoi il y a des tremblements de terre?

➡ À chaque fois que la croûte terrestre se fissure ou se soulève, il se produit un tremblement de terre, appelé aussi séisme. C'est dans les villes et les villages situés au-dessus de la fissure ou du soulèvement, que les dégâts sont les plus importants.

302

Est-ce qu'un raz de marée, c'est une grosse marée?

➡ Pas du tout! Un raz de marée est une vague gigantesque qui s'abat brutalement sur la côte, provoquant une importante inondation. Cette vague naît au large, à cause d'un tremblement de terre ou de l'éruption d'un volcan sous-marin.

303

Lequel est le plus dangereux: un cyclone ou un ouragan?

➡ Ces deux noms désignent les mêmes choses. Ce sont des tempêtes très dangereuses avec des vents violents et tourbillonnants, et de fortes pluies. La plupart se forment sur les océans, dans la zone des Tropiques, mais elles portent des noms différents selon l'endroit où elles ont lieu: cyclone, ouragan, typhon.

Pourquoi il y a des inondations?

➤➤ Quand il a plu énormément et pendant un certain temps, un cours d'eau grossit parfois tellement qu'il finit par sortir de son lit et par déborder. Alors, des torrents d'eau et de boue emportent tout ce qui se trouve sur ses rives.

Quelle est la différence entre une tornade et un cyclone?

➤➤ La tornade est plus petite que le cyclone et elle a toujours lieu au-dessus de la Terre alors que le cyclone se forme sur la mer. Ce sont des colonnes de vent qui se déplacent en tournant sur elles-mêmes, aspirant tout sur leur passage.

C'est vrai!
On donne des prénoms aux cyclones pour les identifier. Le premier de la saison va porter un prénom commençant par la lettre A, le suivant par B, etc, en alternant des noms de filles et de garçons.

SUR LA TERRE

Protégeons la Terre !

 306 ### Pourquoi on dit que la planète se réchauffe ?

➤ Les scientifiques ont remarqué que l'air se réchauffe depuis quelques années. On pense que c'est à cause de la pollution des usines et des voitures. Ce réchauffement pose de gros problèmes de climat : il y a de plus en plus de tempêtes et d'inondations.

 307 ### Pourquoi le panda est en danger ?

➤ Le panda fait partie des animaux qui risquent de disparaître. Ce gros ours de Chine se nourrit uniquement de bambous et il est menacé car les hommes coupent les forêts de bambous. Parmi les animaux en danger, il y a aussi la baleine, le rhinocéros et le tigre, qui sont chassés par l'homme.

308 ### C'est quoi la couche d'ozone ?

➤ La couche d'ozone est une couche de gaz invisible qui entoure la Terre, à environ 25 km au-dessus de nos têtes.

Cette couche d'ozone nous protège des rayons du soleil les plus dangereux, c'est pourquoi il ne faut pas qu'elle disparaisse.

Comment empêcher les marées noires ?

➡ Régulièrement, des bateaux transportant du pétrole ont des accidents et causent des marées noires : leur pétrole se répand dans la mer. Ces bateaux sont souvent vieux et abîmés : il faudrait leur interdire de continuer à naviguer.

309

Pourquoi il faut respecter la nature ?

➡ Les êtres humains, les animaux et les plantes vivent sur la Terre. Quand les humains polluent la nature, ils ont souvent des problèmes plus tard. Cela arrive en France, en Bretagne, où les grands élevages de porcs ont pollué l'eau. Et, maintenant, il y a des endroits où on ne peut plus boire l'eau du robinet.

310

C'est vrai !
Chaque minute, une surface de forêt plus grande que dix terrains de football disparaît de la surface de la Terre. Aux besoins des hommes qui abattent les forêts pour tracer des routes ou planter des cultures, s'ajoutent les incendies et les tempêtes !

SUR LA TERRE

Pourquoi il ne faut pas laisser couler l'eau du robinet ?

Pourquoi les grandes personnes doivent travailler ?

Pourquoi les grands doivent s'occuper des petits ?

Pourquoi on ne peut pas toujours faire tout ce qu'on veut ?

Pourquoi il vaut mieux prendre le bus plutôt que sa voiture ?

Pourquoi il y a toujours la guerre quelque part ?

Pourquoi on ne peut pas se marier avec ses parents ?

Et moi ?

Questions 311 à 337

La famille

311

Est-ce que tout le monde a une famille?

➤ Au départ, tout le monde a au moins un père et une mère. Souvent il y a aussi des grands-parents, des frères et sœurs, des oncles et tantes… Mais il arrive, à cause de la guerre, de la maladie ou d'un accident, que quelqu'un se retrouve sans famille.

312

Pourquoi il y a des enfants adoptés?

➤ Parfois, les parents ne peuvent pas s'occuper de leurs enfants. Ces enfants sont alors accueillis dans une nouvelle famille : ils sont adoptés. Ils peuvent être nés en France ou venir d'un autre pays.

313

Pourquoi les grands doivent s'occuper des petits?

➤ On dit parfois que les aînés sont responsables de leur petit frère ou de leur petite sœur. Comme ils sont plus grands, ils savent mieux que les petits ce qui est permis ou ce qui est interdit.

Pourquoi on ne peut pas se marier avec ses parents ?

314

➤ C'est une des grandes règles de la vie des humains du monde entier. Les filles ne doivent pas épouser leur père et les garçons ne doivent pas épouser leur mère ! Tu connais sûrement l'histoire de Peau d'Âne qui doit s'enfuir pour ne pas se marier avec son père.

Quand les parents divorcent, est-ce que c'est pour toujours ?

315

➤ Quand un homme et une femme décident de se séparer, c'est après avoir bien réfléchi. Même si les enfants espèrent que leurs parents s'aiment à nouveau, ce n'est pas possible ! Mais souvent les parents rencontrent un nouvel homme ou une nouvelle femme.

C'est vrai !
Toutes les familles ne se ressemblent pas. Il y a des familles nombreuses avec plein de frères et sœurs, des enfants uniques, des parents mariés ou non, des parents séparés, des parents qui élèvent seuls leurs enfants.

MOI ET LES AUTRES

La vie avec les autres

316

Quand on a des amis, est-ce que c'est pour la vie?

➡ C'est magique l'amitié! On peut jouer, discuter, rêver et on pense que ça sera toujours comme ça. Certaines amitiés durent toute la vie mais souvent, en grandissant, on ne se comprend plus comme avant. C'est le moment de se faire de nouveaux amis.

317

Pourquoi il ne faut pas parler aux gens qu'on ne connaît pas?

➡ Il existe des personnes qui veulent faire du mal aux enfants. Comme les enfants sont moins forts que les adultes, ils ne peuvent pas se défendre. C'est pour cela qu'ils ne doivent pas aller avec des gens qu'ils ne connaissent pas.

Pourquoi on doit toujours dire «bonjour» et «merci»?

➡ «Bonjour» et «merci», ce sont des mots de politesse. Ils font plaisir à entendre et mettent de bonne humeur.

Quand tu dis «merci», tu montres que tu es content de ce qu'on t'a donné.

Pourquoi les garçons sont plus bagarreurs que les filles?

➡ C'est une question difficile! Les garçons ont un peu plus tendance à se bagarrer mais, en plus, on les y encourage. On leur fait des compliments sur leur force, on leur offre des pistolets, des épées alors qu'on donne plutôt des poupées aux filles.

319

Pourquoi on ne peut pas toujours faire tout ce qu'on veut?

➡ Tu vis avec ta famille et tu vas dans une école avec d'autres enfants. Pour que tout se passe bien entre vous, il existe des règles. Il est interdit de voler par exemple. Si tu vivais tout seul sur une île déserte, tu pourrais faire ce que tu veux, mais tu t'ennuierais très vite!

320

C'est vrai!
Les règles qui organisent notre vie s'appellent des lois. Elles sont décidées par des hommes et des femmes que l'on choisit en votant. Ils se réunissent pour discuter des problèmes de la société et essayer de trouver des solutions.

À l'école

321 **Est-ce que tous les enfants vont à l'école ?**

➤➤ En France, tous les enfants de 6 ans jusqu'à 16 ans doivent être scolarisés. Cela veut dire qu'ils doivent aller à l'école ou suivre les leçons à la maison. Dans beaucoup de pays, seuls les enfants riches peuvent aller à l'école. Les enfants de familles pauvres sont obligés de travailler et beaucoup de petites filles n'apprennent jamais à lire et à écrire.

322 **Est-ce que tous les enfants sont intelligents ?**

➤➤ À l'école, certains élèves ont souvent de bonnes notes, d'autres plutôt des mauvaises. Mais cela ne veut pas dire que les uns sont intelligents et les autres non ! Même quand on n'est pas bon en mathématiques, on peut connaître et savoir faire des tas d'autres choses.

À quoi ça sert de savoir lire et écrire?

➡ Dans la vie de tous les jours, c'est très difficile de se débrouiller sans savoir lire et écrire. Dans la rue, au supermarché, au travail… partout on a besoin de lire. Et quand on aime les histoires, quel plaisir de se plonger dans la lecture d'un livre!

323

Comment font les maîtres et les maîtresses pour savoir autant de choses?

➡ Les maîtres et les maîtresses ont appris beaucoup de choses pendant leurs études. Mais avant de faire la classe tous les jours, ils préparent leurs leçons. Et ils continuent à apprendre de nouvelles choses dans les livres!

324

C'est vrai!
Louis Braille est un aveugle. Il a inventé une écriture en relief qui se déchiffre avec les mains. Cet alphabet qui permet aux aveugles de lire porte le nom de son inventeur: le braille.

MOI ET LES AUTRES

Au travail

325

Pourquoi les grandes personnes doivent travailler ?

➤➤ Quand on travaille, on gagne de l'argent. Grâce à cet argent, on peut payer sa maison, acheter de quoi manger, acheter aussi des choses qui nous font plaisir…
Mais si on a la chance de faire un métier qu'on aime, on ne travaille pas seulement pour gagner de l'argent.

326

Qu'est-ce que ça veut dire : « être au chômage » ?

➤➤ Quand une personne a été obligée d'arrêter de travailler sans le décider, on dit qu'elle est au chômage. C'est toujours un moment difficile à vivre ! La personne cherche un nouveau travail mais ça prend souvent du temps.

Pourquoi il y a des parents qui ne travaillent pas ?

➤➤ Après la naissance d'un enfant, un des parents arrête parfois de travailler pour s'occuper du bébé. C'est souvent la maman. Quand les enfants ont grandi, elle reprend son travail ou non.

Il y a aussi des personnes qui ne travaillent pas mais qui ne l'ont pas choisi.

Comment on fait pour apprendre un métier?

➤➤ Il y a plusieurs façons d'apprendre un métier. Il y a des écoles qui préparent les élèves à être cuisinier, coiffeur ou journaliste. Mais dans beaucoup de métiers, on apprend surtout en commençant à travailler.

328

Est-ce que des gens travaillent la nuit?

➤➤ Le plus souvent, les gens travaillent le jour mais il existe des métiers de nuit. Pour préparer son pain, le boulanger travaille la nuit. Il y a aussi des métiers de jour et de nuit: dans les hôpitaux par exemple, il y a toujours des infirmières et des médecins, même la nuit.

329

C'est vrai!
Dans les pays d'Asie et d'Afrique, beaucoup d'enfants de familles pauvres sont obligés de travailler pour aider leurs parents. Ce travail est souvent dangereux pour leur santé et leur développement.

**MOI
ET LES AUTRES**

Ce n'est pas juste !

330

Pourquoi il y a toujours la guerre quelque part ?

➡➡ Depuis toujours, les hommes se font la guerre. Souvent c'est pour agrandir leur pays et augmenter leurs richesses. D'autres fois, c'est parce qu'ils ne sont pas d'accord avec la religion du pays voisin. Mais il n'y a pas de bonnes raisons de faire la guerre car elle apporte toujours le malheur.

331

Pourquoi, en Afrique, on meurt de faim ?

➡➡ Certaines années, la sécheresse empêche les récoltes de pousser. D'autres années, lorsqu'il pleut, les récoltes sont bonnes et on pourrait faire des réserves de nourriture, mais rien n'est prévu pour bien les conserver. En plus, il y a souvent des guerres qui détruisent les champs. Pendant les grandes famines, beaucoup d'enfants meurent de faim.

Pourquoi, dans les pays riches, il y a des gens qui dorment dans la rue?

➤➤ Même dans les pays riches comme la France, il y a des gens très pauvres. Quand une personne n'a plus de travail, elle a souvent du mal à payer sa maison. Si personne ne peut l'accueillir, elle est alors obligée d'aller vivre dans la rue.

332

Pourquoi tout le monde n'est pas heureux?

➤➤ Être heureux, ça dépend de beaucoup de choses! Certains pensent que pour être heureux, il faut être riche. C'est vrai que, quand on a faim et qu'on a froid, c'est difficile d'être heureux. Mais il y a aussi des gens qui ont de l'argent et qui se sentent malheureux parce qu'ils sont seuls ou qu'ils s'ennuient.

333

C'est vrai!
En 1948, de nombreux pays du monde ont signé la Déclaration universelle des Droits de l'homme. Ce grand texte dit que tous les hommes du monde naissent libres et égaux.

MOI ET LE MONDE

Des petites choses très importantes

334

Pourquoi il ne faut pas laisser couler l'eau du robinet?

➡ L'eau est un bien précieux!
Pour vivre, nous avons tous besoin
de boire de l'eau plusieurs fois par jour.
Mais, sur la Terre, les réserves en eau
ne sont pas inépuisables. C'est pour cela
qu'il ne faut pas la gaspiller et, par
exemple, ne pas laisser couler le robinet
quand on se lave les dents.

335

Pourquoi il faut éteindre la lumière quand on sort d'une pièce?

➡ Quand une ampoule
est allumée, elle consomme
de l'électricité. En éteignant la lumière
quand on sort d'une pièce, on fait des
économies d'énergie. Car l'électricité
coûte de l'argent et, comme beaucoup
d'activités humaines, elle produit
de la pollution.

336

Pourquoi il vaut mieux prendre le bus plutôt que sa voiture?

➡ Les gaz d'échappement
des voitures polluent l'air.
Si 20 personnes prennent l'autobus,
il n'y a qu'un autobus qui pollue au lieu
de 20 voitures. De la même manière,
si on doit vraiment prendre sa voiture,
il vaut mieux la remplir que d'être seul
au volant.

Pourquoi il faut trier ce qu'on jette?

➧ Cela permet de récupérer le papier, le verre et le plastique. Par exemple, on fait fondre de vieilles bouteilles de verre pour en faire de nouvelles, et avec 27 bouteilles en plastique on peut faire un pull en laine polaire! C'est le recyclage.

C'est vrai!
Quand on jette un papier par terre, il met 3 mois à disparaître si personne ne le ramasse. Une peau de banane met 5 mois, un chewing-gum: 5 ans, et un sac plastique: plus de 100 ans!

MOI ET LE MONDE

INDEX